W0058821

BASTEI
LÜBBE
TASCHENBUCH

Weitere Titel des Autors:

Fette Vögel gehen öfter fremd

Der Titel ist auch als E-Book erhältlich.

Über den Autor:

Gunther Müller, geboren 1980 in Dresden, hat in Frankfurt am Main Politik-, Sozialwissenschaft und Sozialpsychologie studiert und arbeitet im PR-Bereich. In *Die Krone der Schöpfung* widmet er sich respektlos den Schattenseiten der menschlichen Intelligenz und zeigt, dass das Dummsein nicht nur ein individuelles Problem ist.

Gunther Müller

Die Krone
der Schöpfung

Die größten Irrtümer
über uns Menschen

BASTEI
LÜBBE
TASCHENBUCH

BASTEI LÜBBE TASCHENBUCH
Band 60705

1. Auflage: April 2013

Dieser Titel ist auch als E-Book erschienen

Originalausgabe

Copyright © 2013 by Bastei Lübbe GmbH & Co. KG, Köln
Textredaktion: Marion Hertle, München
Titelbild: Christina Seitz, Berkheim unter Verwendung von Motiven von
© shutterstock/Ivan Ponomarev;
shutterstock/Eric Isselee; shutterstock/jannet
Umschlaggestaltung: © Christina Seitz, Berkheim
Satz: hanseatenSatz-bremen, Bremen
Gesetzt aus der ITC Slimbach
Druck und Verarbeitung: GGP Media GmbH, Pößneck
Printed in Germany
ISBN 978-3-404-60705-1

Sie finden uns im Internet unter
www.luebbe.de
Bitte beachten Sie auch: www.lesejury.de

Der Preis dieses Bandes versteht sich einschließlich
der gesetzlichen Mehrwertsteuer.

*I*nhalt

 Einleitung

Das ist der ganze Jammer: Die Dummen sind so sicher und die Gescheiten so voller Zweifel.

Bertrand Russell

Die Wissenschaft ist dafür da sicherzustellen, dass die Natur uns nicht dazu verführt, zu denken, wir wüssten etwas, das wir in Wirklichkeit nicht wissen.

Robert Pirsig

Ich kann die Bewegung der Himmelskörper berechnen, aber nicht das Verhalten der Menschen.

Isaac Newton

Der Glaube an die menschliche Vernunft ist unvernünftig. Vernunft ist eine in der Regel gefährliche und teure Illusion, vernünftige Pläne nichts als kostspielige Trugschlüsse, vernünftige Ideen nichts als rosarote Luftschlösser. Eigentlich ließe sich das als »Vernunft-Tourette« bezeichnen. Vernunft ist eine Art neurologisch-psychiatrische Abnormalität, die, wie Tourette, durch das Auftreten von Intelligenz-Tics charakterisiert ist. Vernunft-Tics sind unwillkürliche, unregelmäßig auftretende Denkbewegungen, die mit schlauen Äußerungen und genialen Werken verbunden sind – der Rest ist Dummheit.

Der »kluge Mensch« ist ein Oxymoron. Die Wissenschaft belegt, dass wir meist weniger Ahnung haben, als wir denken. Fehler- und irrtumsfreies Denken ist nicht unsere Stärke. Was man als »Ratio« bezeichnet, ist nicht mehr als eine Notration. Nicht nur Vorurteile und Faustregeln navigieren uns unbewusst durch die Welt. Noch mehr sind es allzu menschliche kognitive Verzerrungen, Gedächtnisfehler, Paradoxien und Fehlleistungen. Wahn und Irrationales bestimmen den menschlichen Alltag in Gesellschaft, Politik, Wirtschaft und sogar in der Wissenschaft. Es gelten folgende Regeln: Verzichte darauf, dich deines eigenen Verstandes zu bedienen, denn du bist dazu nicht in der Lage. Wage es nicht, weise zu sein. Denn frisch gewagt ist halb geirrt! Wer erst mal begonnen hat, hat schon zur Hälfte falsch gehandelt!

Zu oft noch meint der Mensch – ja auch Sie, lieber Leser – trotz zuwiderlaufender Fakten, seine Wahrnehmung sei zuverlässig und genau, seine Einschätzungen seien objektiv und akkurat, seine Entscheidung profund und durchdacht und sein Erinnerungsvermögen reproduktiv und wahr.

Zeit für eine große Desillusionierung. Ich behaupte: Der Mensch ist kaum mehr als die Summe seiner Irrtümer und unlogischen Interpretationen. Der Mensch ist ein Vernunftkrüppel. Wahrscheinlich ist er auch nur zufällig auf seiner jetzigen Entwicklungsstufe angekommen. Zumindest ist seine Entwicklungsgeschichte eine Aneinanderreihung absurder evolutionärer Zufälle.

Ich denke, also bin ich? Wohl kaum! Ich irre, also bin

ich? Wohl eher! Nicht die Tatsache, dass der Mensch denkt, ist der Beweis für seine Existenz, wie dies einst Descartes formulierte. Das Denken ist dann doch nicht so mächtig, und der Mensch spielt dabei nur eine Nebenrolle. Denn auf das Was und Wie des Denkens haben die Menschen nur wenig Einfluss.

Der Mensch ist dem Menschen kein Wolf, wie man bei Plautus und dann bei Thomas Hobbes liest. Der Mensch ist dem Menschen ein Esel. Der Mensch trachtet dem Menschen nicht nach dem Leben, sondern nach dem Verstand. Und die Welt, sie ist ein gefährlicher Ort, ein Schauplatz der Verblödung.

Vielleicht sind es die hier beschriebenen Dummheiten, die die Menschen als universale und zeitlose Gemeinsamkeit besitzen. Daher ist die Akzeptanz der eigenen Dummheit vielleicht der einzig gangbare Weg, sich als Menschheit friedlich zu einen. Nur wer die eigene Dummheit akzeptiert, der kann auch die der anderen ertragen.

In diesem Buch geht es um die unterhaltsame Revision einer sich seit der Aufklärung unaufhaltsam weiter verbreitenden Selbstwahrnehmung, der Mensch sei im Prinzip ein sich selbst verbesserndes Verstandeswesen und damit einzigartig. Der Mensch ist jedoch weder ein Genie noch zur Selbstvervollkommnung in der Lage. Beobachtet man genau, lässt sich erkennen, dass der Mensch den Kopf nicht nur zum Denken besitzt, sondern vor allem zum Schütteln – als Geste ungläubigen Staunens über allerlei Dummheit.

Hier geht es um die Erkundung einer inneren Wüste, der Blödnis – die Ödnis des Geistes. Diese freizulegen und zu beschreiben ist die zentrale Aufgabe des Buches.

Das Buch trägt die skurrilsten, absurdesten und komischsten menschlichen Fehlleistungen zusammen – und wie man ihnen wissenschaftlich auf die Schliche kam. Dieses Buch berichtet mit Genuss über die wissenschaftlichen Ergebnisse und Theorien zu diesen Fehlentwicklungen, mentalen Täuschungen und Paradoxien, fasst sie zusammen und erklärt deren praktische Bedeutsamkeit. Warum? Wenn wir schon Mitspieler in einem Spiel sind, das wir nicht verstehen, dann können wir wenigstens darüber lachen.

Der Autor singt hier kein menschenkritisches Klagelied, er macht sich keine Sorgen und weiß auch keinen Rat, was dagegen zu tun sei. Sie halten kein Ratgeberbuch versteckt in weißem Kittel in der Hand – *Die Krone der Schöpfung* ist wohl eher so etwas wie ein Schwarzbuch des Menschlichen und Allzumenschlichen. Das Einzige, was der Autor mit dem Leser teilen will, ist vielleicht die spöttische Freude, sich als Mensch zwar nicht vollständig im Griff zu haben, aber wenigstens das Gefühl zu haben, sich zu durchschauen. Ein kleines und kurzes Aufbegehren. Ein Aufbegehren aber, das durchaus Spaß macht.

Viel Skurrilität der in diesem Buch beschriebenen Phänomene, Tendenzen und blinden Flecken ist der vom Autor oft gehandhabten Methode der kalkulierten Übertreibung zuzurechnen; sie ist nötig, um ein Quäntchen Wahrheit aufleuchten zu lassen. Der in der Übertreibung liegende Witz soll auch dafür sorgen, dass der wahre Kern des Ganzen nicht ganz so schmerzt. Denn was skurril erscheint, ist teilweise ernsthaft bedenklich.

Das Buch sammelt akribisch all die großen und kleinen Beweise für die stupide Natur des Menschen – als Gattung, Individuum und Kollektiv. Und das Dumme ist dummerweise eine Grundkonstante des menschlichen Seins. Das ganz normale Dumme eben.

Aber dann doch noch eine kleine Ehrenrettung: Es ist nicht so, dass wir nur unberechenbar, chaosanfällig, trüb und repetitiv sind. Der Mensch ist kein »animal irrationale«. Vielmehr sind wir nur fehlerhaft rational. Nur weil der Mensch eigentlich so intelligent ist, kann er auch zuständig für den Unverstand auf Erden sein. Und dieses Spannungsverhältnis ist lustig. Der Mensch ist eben nicht halb dumm, sondern halb klug!

Der Mensch ist die wohl unterhaltsamste Störung der belebten Welt, die sich die Schöpfung hätte ausdenken können. Es darf deshalb, zwischen Erkenntnis und Katastrophe, beruhigt geschmunzelt werden. Aber eine Erkenntnis bleibt: Vernunft ist nur eine nebensächliche Minifunktion des Gehirns. Das Killerfeature des Gehirns ist und bleibt die Dummheit. Lernen Sie in diesem Buch, ruhig Blut gegenüber dem Unterschied zwischen klug und dumm zu bewahren. Der Verstand jedenfalls ist Teil der Kraft, die stets das Kluge will und doch stets Blödsinn schafft.

Und dann doch noch ein kleiner Trost: Wenn man mal nichts Blödes tut, dann ist die Dummheit nicht da, und ist die Dummheit da, dann merkt man die Blödheit nicht – was interessiert uns also unsere Dummheit?

Gunther Müller

Beipackseite

Menschliches Verhalten und die damit verbundenen Aspekte sind hochkomplex, sie lassen sich nicht unter dem Mikroskop oder im Reagenzglas erforschen. Das wissenschaftliche Personal ist stets überschaubar, die Facetten menschlicher Existenz nicht. Infolgedessen sind die hier präsentierten Studien zwangsläufig unvollständig und im Grunde Werkstattberichte von Forschern, deren Ergebnisse trotz raffinierter Methodik und rigoroser Wissenschaftlichkeit nur so lange gültig sind, bis andere Forscher diese widerlegen. Diese Unsicherheit und Vorläufigkeit findet sich prinzipiell überall in der Wissenschaft. Nach der Studie ist vor der Studie.

Da es dem Autor vor allem darum ging, Beweise für die menschliche Dummheit und Unzulänglichkeit zu finden, ignorierte er durchaus alle Beweise für das Gegenteil. Das nennt man »Rosinenpickerei« und dient hier ausschließlich der Unterhaltung. An sich ist das Buch damit auch nur ein Denkfehler selektiver Aufmerksamkeit.

1 Die Dummheit der Gattung

Lesen Sie hier, dass der Mensch nicht die Krone der Schöpfung ist; noch nicht einmal das Diadem der Schöpfung. Der Mensch ist höchstens ein abgebrochener Zacken aus einer Krone – die der Evolution nämlich.

Steigen Sie auf den Grund der Gattungsgeschichte hinab und erkennen Sie, dass in der menschlichen Neigung zur Dummheit Genese zu finden ist.

Nackedei aus Faulheit

Die geringe Behaarung des Menschen ist kein Zeichen der Besonderheit, sondern der Faulheit.

Was unterscheidet uns eigentlich vom Affen? Auch die Tatsache, dass uns irgendwann das Fell ausging. Aber wieso? Warum ist der Mensch eines der wenigen haarlosen Säugetiere überhaupt auf der Erde? Diese Frage ist nicht banal, denn es hat viel mit der menschlichen Entwicklung zu tun. Damit, dass man als felloses Tier Kleidung braucht. Kleidung wiederum setzte Werkzeuge voraus. Nachts braucht man außerdem Feuer, um sich warm zu halten. Das Versammeln ums Feuer, die dadurch zwangsweise entstandene Nähe ist vielleicht das, was uns zu wirklich sozialen Wesen machte. Gleichzeitig sorgte das fehlende Fell auch dafür, dass es uns in so vielen verschiedenen Hautfarben gibt. Nacktheit ist demnach also folgenreich.

Der Grund, warum wir unser Fell verloren haben, ist, dass wir sehr wahrscheinlich zu faul waren, es ausreichend zu pflegen. Wahrscheinlich waren wir so etwas wie die »Zottel« unter den Humiden, die nicht in der Lage waren, ihr Fell anständig in Schuss zu halten. Die Menschen waren so schlampig und so verdreckt, dass es für sie von Nachteil war, Fell zu besitzen.

Fell ist ein idealer Nistplatz für Parasiten aller Art. Ektoparasiten wie Zecken und Flöhe lieben pelzige Tiere. Sie übertragen Infektionskrankheiten und verursachen Entzündungen. Anders als anderen Säugetieren fehlen dem Menschen allerdings kleine Helfer wie Schwanz oder Schweif sowie spezielle Muskeln, mit denen er die Haut zucken lassen kann. Auch der Schnabel mancher Vögel ist speziell für das Entfernen von Parasiten geformt. Primaten hingegen verbringen viel Zeit damit, das Fell von Parasiten zu befreien. Nicht aber der Mensch – ihm blieb die Nacktheit. Die Menschen könnten ihre Körperhaare tatsächlich verloren haben, um ihre Anfälligkeit für pelzliebende Parasiten zu reduzieren, suggerieren neuste wissenschaftliche Erkenntnisse. Haarlosigkeit ist eine Art Passivschutz vor Parasiten, man muss nicht viel tun, damit er funktioniert. Und man vermutet, dass die Menschen nun dort am haarlosesten sind, wo es die größte Parasitenbelastung gab, so die Forscher in einer entsprechenden Studie.

Wenn unsere Vorfahren nicht in der Lage oder willig waren, der Fellpflege nachzugehen, dann wird Nacktheit zu einem evolutionären Vorteil. Die Nacktheit der menschlichen Spezies war also die einzige Möglichkeit, Ektoparasiten loszuwerden. Und so haben über Generationen hinweg die überlebt, die durch wenig oder gar kein Fell die Nahangriffe von Schmutz und Getier besonders gut überstanden. Okay, nur der *Homo sapiens* war in der Lage, die daraus resultierenden Nachteile durch kulturelle Evolution auszugleichen – eine Art Parallelevolution von Kultur und Genen.

So machte die Evolution als Enthaarungsstudio den Menschen zum Dauerenthaarten. Der Affe schützt sich fleißig mit den Händen, der Mensch wählte den Haarlos-Mechanismus. Weil der Mensch faul ist, hat er für eine schwierige Aufgabe eine einfache Lösung gefunden. Faulheit scheint damit eine Art Schlüsselqualifikation zu sein. Das evolutionäre Zwangsblankziehen ist aber auch das Mark menschlicher Trägheit.

Und ja, das einzige Tier, das ähnlich erfolgreich sein Fell verlor, ist ausgerechnet der Nacktmull – wie sagt man so schön beim Enthaaren: »back, crack and sack«. Der Nacktmull ist aus denselben Gründen haarlos. Er lebt nachweislich in einer Umgebung voller gefährlicher Ektoparasiten.

Quelle: Pagel, Mark/Boder, Walter (2003): *A naked ape would have fewer parasites*, in: *Royal Society Biology Letters 270*, S. 117–119.

Aggressivität statt Intelligenz

Nicht Intelligenz, sondern Aggressivität ließ uns als einzige Menschengattung überleben.

Zu den gängigen Merkmalen, mit denen man etwas als »menschlich« definiert, die übrigens auch als »Intelligenzbeweise« gelten, zählen beispielsweise die Größe des Gehirns, die Sprache und der Werkzeuggebrauch. Derlei Richtwerte wurden aber auch von anderen Linien der Gattung »Mensch« erreicht, die sich von uns entwicklungsgeschichtlich abzweigten, wie etwa die Neandertaler. Welche Eigenschaft aber ließ den Menschen überleben, wenn es nicht seine Intelligenz war? Kluge Forscher vermuten, dass diese Besonderheit seine unvergleichliche Aggressivität gewesen sein könnte.

Der *Homo sapiens* war wohl eine Art »Mörderaffe«, der von Baum zum Boden wechselte und dort anfing, Waffen zu gebrauchen, um damit unter den niedriger stehenden Tieren zu wüten. Am Schluss jagte der *Homo sapiens* sogar seine nächsten Verwandten womöglich so lange, bis er sie komplett ausgerottet hatte.

Es gibt wissenschaftliche Hinweise darauf – CSI der Vorzeit sozusagen –, dass der Mensch den Neandertaler ausgerottet hat. Seite an Seite lebte er mit ihm nur etwa 4000 bis 5000 Jahre. Dann begann er seinen Verwandten einfach nach und nach zu erschlagen. 30 000 Jahre alte menschliche Skelette weisen massive Schultergelenke auf – ein Zeichen für einzigartige Durchschlags- oder auch Wurfkraft. Spezialdisziplin: einhändiger Präzisionswurf auf angefeindete Neandertaler. Die Forscher verglichen detailliert die biomechanische Struktur und Form der Schulterblattgelenkpfanne, der umliegenden Muskulatur und des Sehnenaufbaus in Hinblick darauf, ob die jeweilige Morphologie den kraftvollen Wurf eines Projektils möglich macht. Alles deutet darauf hin, dass nur der moderne Mensch in der Lage war, aus der Distanz zu töten. Der Einsatz von »Langstreckenwaffen« wie Speeren senkte das Verletzungs- und Sterberisiko. So konnten auch gefährliche und große Tiere erbeutet werden – ein überlebenswichtiger Vorteil. Und nur der *Homo sapiens* konnte die entsprechende Muskelkraft und Hebelwirkung über die Schulter und Ellbogen erzeugen.

Selbstverständlich war dies aber auch ein waffentechnischer Vorteil im Wettbewerb um Ressourcen etc. Es veränderte die Kriegsführung des modernen gegen den archaischen Menschen. Überreste von Neandertalern wurden häufig mit Schädelbrüchen gefunden, die von einem Wurfgeschoss stammen könnten. Dagegen war der Neandertaler mit seinen flachen Schulterblättern nicht in der Lage, Speere oder Steine zu schleudern. Was den Schluss zulässt, der *Homo sapiens* habe den eigentlich körperlich überlegenen Neandertaler feige aus der Distanz erledigt. Der Beginn eines billigen Vernichtungsfeldzuges von Menschen gegen Neandertaler – ein Kampf der prähistorischen Kulturen.

Aber damit nicht genug. Andere Untersuchungen zeigen, dass der *Homo sapiens* Neandertaler womöglich sogar verspeist hat. Zumindest ist sicher, dass Urzeitmenschen die Zähne der Neandertaler als Trophäen trugen und aus ihren Schädeln tranken, so Anthropologen. Die Forscher fanden außerdem bei einer Analyse von Kieferknochenfossilien des Neandertalers dieselben Schnitt und Schleifspuren, die man auch bei Rentieren gefunden hat. Demnach verwendeten die Menschen dieselben Techniken, wenn sie Fleisch von den Knochen von Tieren und Neandertalern trennten. Ein Hinweis darauf, dass Neandertaler von frühen Menschen wohl wie Tiere abgeschlachtet worden sein könnten. Der eigentliche Vorteil des Menschen war also seine unvergleichliche, raubtierhafte Aggressivität. Sie sorgte dafür, dass es ausschließlich der *Homo sapiens sapiens* ist, der heute die Menschheit repräsentiert.

Neandertaler hatten große Gehirne, Steinwerkzeuge, frühe Medizin, Kultur und waren sogar besser an die klimatischen Bedingungen angepasst. Was ihnen fehlte, als die modernen Menschen aus Afrika aufkreuzten, war Aggressivität. Nur weil unsere Vorfahren alle anderen Äste abgesägt haben, wirkt es so, als seien wir die schönste Blüte des Baums der Evolution – in Wahrheit sind wir die, die am meisten stinkt.

Quelle: Churchill, Steven E./Rhodes, Jill A. (2009): *The Evolution of the Human Capacity for «Killing at a Distance»: The Human Fossil Evidence for the Evolution of Projectile Weaponry*, in: *The Evolution of Hominin Diets: Vertebrate Paleobiology and Paleoanthropology*, S. 201–210.

Zombie-Vorfahren

Wir sind Überlebende eines prähistorischen Kannibalen-Holocausts.

Aber es kommt noch schlimmer. Der Proteinbedarf des Menschen war gelegentlich artgefährdend groß. Unsere Vorfahren aßen sich wie die Kannibalen gegenseitig auf, mit Haut und Hirn (Haare ja eher weniger – siehe *Nackedei aus Faulheit*). Die Forscher kamen diesem Ereignis auf die Spur, als sie entdeckten, dass Rinderwahn die Hirne vor allem derjenigen Menschen schädigt, die das natürlich vorkommende Gen ATG besitzen. Menschen mit einer mutierten Version davon, dem Gen GTG, können trotz einer Infektion überleben. Glücklicherweise besitzen sehr viele Menschen diese mutierte Version, so dass der Verzehr infizierter Rinderhirne weitgehend gefahrlos ist. Dieser mutierte Stamm ist überall auf der Welt nachgewiesen. Das heißt, dass die Menschheit weitgehend immun gegen eine Rinderwahnpandemie ist. Aber warum?

GTG ist ein Überbleibsel unserer kannibalischen Vergangenheit, in der man aufgrund der besonderen Diät diesen mutierten genetischen Code besitzen musste, um nicht auszusterben. Kannibalismus hat unsere DNS verändert – die ATG-Version war vorher universell. Es existieren inzwischen starke Beweise für weitverbreitete kannibalische Praktiken unter prähistorischen Stämmen, etwa biochemische Analysen menschlicher Fäkalien, worin man Rückstände von Menschenfleisch fand. Auch Kannibalenbergstämme in Papua-Neuguinea liefern Hinweise darauf, dass die Krankheit Kuru (Creutz-feld-Jakob ähnlich), nachweislich die Häufigkeit der GTG-Genvariante erhöhte.

Wie bitte? Das schaurige Phänomen verlief ungefähr so: Verspeisten prähistorische Menschen kontaminierte Gehirne eines Creutzfeldt-Jakob-Kranken, dann gelangten auch krankheitserregende Prionen, eine mutierte Proteinvariante, in ihren Stoffwechsel. Gehirn besteht zu ca. 40 Prozent aus Protein und 60 Prozent aus Fett (Gehirn ist also nicht nur ein Intelligenzträger, sondern auch ein Geschmacksträger). Wie bei einer Rinderwahn-epidemie wanderten diese mutierten Proteine dann in das Hirn des Konsumenten – und entfalteten dort ihre hirnzersetzende Wirkung. Über diesen Weg ist Creutz-feld-Jakob sehr ansteckend. Der Grund, warum wir überlebt haben ist eine Genmutation, die sich als Vorteil herausstellte. Menschen ohne diese neue mutierte Version starben, und die »Mutanten« überlebten. Irgendwann vermehrten sich die Menschen mit mutierten Prionen stärker. Die Evolution hat auf diese Weise unser Aussterben verhindert – Dank unserer Feinschmecker-vorfahren.

Quelle: Mead, Simon/Stumpf, Michael P. H./Whitfield, Jerome/Beck, Jonathan A./Poulter, Mark/Campbell, Tracy/Uphill, James B./Goldstein, David/Alpers, Michael (2003): *Balancing Selection at the Prion Protein Gene Consistent with Prehistoric Kurulike Epidemics*, in: *Science 25*: S. 640–643.

Rambo-Denke

Letztendlich bestimmt unser Körperbau, wie wir wählen.

Unsere politische Meinung ein Auswuchs unserer physiognomischen Eigenschaften? Auf der Spur dieser Vermutung fragten Forscher 1502 Probanden danach, ob Geld von Reichen zu Armen umverteilt werden sollte – ein klares politisches Statement. Danach maßen die Forscher den Umfang des Bizeps, der einen sehr genauen Anzeiger für körperliche Stärke und Kraft bietet. Außerdem fragte man nach der wirtschaftlichen Situation der Freiwilligen. Und tatsächlich: Die Größe des Bizeps hatte zumindest bei Männern eine meinungsverändernde Macht. Je dicker der Oberarm, desto eher stimmten die Versuchspersonen für ihre Eigeninteressen: die Armen für die Umverteilung, die Reichen dagegen. Unter den »Schwächlingen« sah das ganz anders aus. Sie neigten viel öfter dazu, entgegen den eigenen Interessen zu stimmen. Arme waren auf einmal dagegen, Gelder umzuverteilen, Reiche dafür, etwas abzugeben. Offenbar führt eingeschränkte körperliche Kraft zur Neigung, Konflikte zu umgehen, um keinen Ärger zu provozieren.

Ein Verhalten, das – so zumindest die Forscher – aus der Vorzeit stammt, in der es lebensgefährlich war, seine körperliche Macht zu überschätzen. Die Kraft des Oberkörpers eines Jägers und damit dessen Kampfeskraft bestimmten, welches Tier er erlegen konnte. In unserer heutigen eher körperlosen Welt entscheidet dieser Mechanismus darüber, wie sehr sich ein Bürger für seine

Interessen engagiert. Trotz der technologischen und demographischen Veränderungen, etwa im Zug der industriellen Revolution, bestimmt dieses Entscheidungssystem selbst heute noch politische Konflikte.

Demnach muss man's nicht nur im Kopf haben, wenn man seine Einstellungen und Meinungen vertreten will, sondern auch in den Armen. Politisches Verhalten hat eine bisher unbekannte körperliche Komponente: Nicht allein die Gesellschaftsstruktur, das politische, soziale und kulturelle Milieu, das Wechselspiel aus Überbau und Basis, sondern auch der Körperbau bestimmt, was wir politisch tun oder unterlassen.

Quelle: Petersen, Michael B./Sznycer, Daniel/Sell, Aaron/Cosmides, Leda/Tooby, John (2012): *The ancestral logic of politics: Upper body strength regulates men's assertion of self-interest over economic redistribution*, in: *Psychological Science*, S. 1–14.

Fucking everything!

Der menschliche Sexualtrieb war stets stärker als sein Speziesismus.

Unsere Vorfahren waren nicht nur faul und aggressiv. Bevor sie ihre menschlichen Verwandten und Unterarten ausrotteten, hatten sie häufiger Sex mit ihnen – Inter-Homo-Sex. Und das nicht nur mit Neandertalern, sondern auch mit anderen engen Verwandten trieben es die Urmenschen. Bisher galt: Was im Pleistozän passierte, blieb im Pleistozän. Eine Analyse von DNS-Sequenzen, eine Art paläontologischer Vaterschaftstest, zeigte jedoch, dass sich unsere frühen Ahnen erfolgreich mit Neandertalern gekreuzt haben müssen. Und die Geilheit hörte auch mit Vorläufern des *Homo sapiens* wie *Homo erectus*, *Homo habilis* und *Denisova hominin* nicht auf.

Aber zunächst zu den »sexy« Neandertalern. Die Forscher sind zu diesem Schluss gekommen, indem sie die Erbinformation heutiger Menschen nach kurzen, ungewöhnlichen DNS-Fragmenten, die auf genetische Kreuzungen hinwiesen, scannten. Dabei verglichen die Wissenschaftler zum Beispiel eine aus vier Milliarden Nukleotiden dreier Proben zusammengesetzte Sequenz des Neandertalergenoms mit den Genomen heutiger Menschen. DNS-Rückstände zeigen, der Mensch war einfach bereit zu Sex mit allen Arten, auch mit den haarigen.

Im modernen menschlichen Genom hat auch ein anderes Forscherteam Hinweise auf eine genetische Vererbung anderer Menschengattungen gefunden. Statt direkt Gensequenzen zu vergleichen (Proben davon gibt es so gut wie keine), haben die Forscher moderne Menschen-DNS von verschiedenen Bevölkerungsgruppen nach ungewöhnlichen Regionen durchforstet. Archaische DNS unterscheidet sich radikal von moderner DNS, weil deren Anteil an Chromosomen jeweils sehr gering ist, d. h. je kürzer das Genom, desto weiter zurück liegt die Kreuzung. Das Ergebnis: Die kurzen DNS-Sequenzen machen zwei bis drei Prozent des modernen Genoms aus. Demnach ereigneten sich solche sexuellen Kontakte relativ regelmäßig. Im Prinzip hatten unsere Vorfahren auch mit ihren unmittelbaren Vorfahren regelmäßig Geschlechtskontakt, eine Art Interentwick-lungsstufensex – also etwas für den ganz besonderen Fetisch.

Quelle: Green, Richard E./Krause, Johannes/Briggs, Adrian W., et al. (2010): *A draft sequence of the Neandertal genome*, in: *Science* 328, S. 710–722.
Hammer, Michael/Woernera, August E./Mendez, Fernando L./Watkins, Joseph C./Walld, Jeffrey D. (2011): *Genetic evidence for archaic admixture in Africa*, in: *Proceedings of the National Academy of Sciences of the United States of America* 108, S. 15123–15128.

Krieg für den Frieden

Nicht Nächstenliebe, sondern militärische Notwendigkeit ist der Ursprung der Vergemeinschaftung.

Altruismus, heute die Neigung, Mitmenschen zu helfen, ohne dafür eine Gegenleistung zu erwarten, war wohl eine kampferprobte Militärtaktik des späten Pleistozän und des frühen Holozän – einer Zeit, in der sich das Sozialverhalten des Menschen entwickelte. Uneigennützigkeit ist paradoxerweise eine Ausgeburt blutiger Schlachtfelder prähistorischer Zeiten. Dabei, so Forscher, handelte es sich selbstverständlich nicht um Kriege der Neuzeit. Viel eher könnte man diese wohl als schwelende, laufend unterbrochene, zufällige Scharmützel bezeichnen, die mit Jagdwaffen ausgeführt wurden: eher Bandenkriege und Stammesfehden. Die Forscher, die dies herausfanden, stützten ihre Behauptung auf eine Vielzahl paläontologischer und ethnologischer Studien. Dazu zählen Spuren von Waffen auf Knochen, die Auskunft über die kriegerischen Todesfälle als Anteil der Gesamtsterblichkeit geben, sowie Daten über die genetischen Unterschiede zwischen verschiedenen Jäger-Sammler-Bevölkerungen. Nur so können die Forscher modellieren, ob Krieg häufig genug auftrat, um Einfluss auf die kulturelle Entwicklung zu haben. Aus diesen streng selektierten, repräsentativen Daten bastelten die Wissenschaftler ein Modell, das die kulturelle Transmission simuliert, in der der Krieg eine paradoxe Rolle spielt.

Und tatsächlich: Auf diesen Schlachtfeldern der Vorzeit, so zeigen archäologische Funde und ethnographische Analysen, ließen bis zu 14 Prozent unserer menschlichen Vorfahren ihr Leben und das veränderte auch die zivile Lebensweise.

Da es zu der Zeit der Jäger und Sammler wohl noch keine Befehlsketten bzw. militärische Verpflichtung zum Kampf gab, war Altruismus die beste Möglichkeit, die Schlagkraft der Truppe zu fördern. Der Altruismus innerhalb einer Gruppe steigert, so die Forscher, die Wahrscheinlichkeit des Sieges. Er verhinderte zum Beispiel das allzu schnelle Desertieren etc.

Der zugrundeliegende evolutionäre Mechanismus ist einfach erklärt: Wenn eine Gruppe von Menschen treu und aufopfernd füreinander kämpft und gemeinsam über andere Stämme siegt, dann siegt auch ihre Art und Weise, miteinander umzugehen, bzw. verbreitet sich deren Sozialverhalten – ein Zusammenspiel aus genetischer und kultureller Übertragung. Führt Uneigennützigkeit zum Sieg, überwiegt diese Taktik bald bei der gesamten Urmenschheit. Das vorzeitliche Gemetzel sorgte dafür, dass sich mit den Siegern auch der Gemeinschaftsgeist durchsetzte. Nun ja, dass dieser Altruismus faul ist, kann man sich ja denken.

Quelle: Bowles, Samuel (2009): *Did Warfare Among Ancestral Hunter-Gatherers Affect the Evolution of Human Social Behaviors?*, in: *Science* 324, S. 1293–1298.

Let's talk about sex

In der Erotik ist der Sprachursprung zu finden.

Die winzige Elfenbeinschnitzerei einer vollbusigen Frau ist mindestens 35 000 bis 40 000 Jahre alt, wie mehr als 30 Radiokarbonmessungen beweisen. Die Venus vom Hohlefels (Deutschland) ist wohl das älteste Artefakt menschlicher Kunstfertigkeit – und eine Art vorzeitliche Pornographie. Ausgerechnet die älteste Darstellung eines Menschen ist die fast pornographische Figur einer Frau. Die großen Brüste sowie die Stellung der Beine, offenbar um ihre deutlich ausgearbeitete Vagina zu betonen, wirken jedenfalls so. Die Figur ist das erste Pin-up der Weltgeschichte. Der welterste Porno wurde aus einem einzigen Mammutstoßzahn geschnitzt – das Elfenbeinäquivalent des heutigen Playboys.

Wissenschaftler sprechen zwar lieber von einem prähistorischen »Fruchtbarkeitssymbol«, aber das schließt ja nicht aus, dass der Mensch schon vor 35 000 Jahren eine Schwäche für Pornographie hatte. Andere Wissenschaftler gehen weiter, sie verstehen Pornographie sogar als »Road map« für die kulturelle Evolution. So viel kulturelles Prestige für Sex?

Die Wissenschaftler nehmen an, dass die Entwicklung der Sprache mit der Fähigkeit zum Denken in symbolischen Systemen, wie es etwa für figürliche Darstellungen notwendig ist, verbunden ist. Dadurch haben wir dieser Art Erotik so einiges zu verdanken. Die Venus vom Hohlefels setzt diesen Sprung von abstrakten, geometrischen Mustern hin zu figurativen Darstellungen bzw. den grundlegenden kognitiven Entwicklungsschritt voraus. Die immer noch abstrakte Darstellung schließt mit ein, dass es sich um eine Zwischenform von sexuellem Ereignis und Fruchtbarkeitssymbol handelt, also um ein abstraktes Konzept. Ähnlich funktioniert Sprache. Die Figur wird so zu einem ersten Zeugnis einer sich zu dieser Zeit ereignenden »symbolischen Explosion« der geistigen Kapazität, so die Forscher. Und genau diese menschliche Denkkapazität ist zugleich Voraussetzung für die Entwicklung der Sprache als auch Wegbereiter für schmutzige Gedanken.

Unsere wohl wichtigste Kulturtechnik – die Sprache – begann also vielleicht mit einem Porno. Sex ist nicht nur Ursprung des menschlichen Lebens, sondern damit auch der Bannerträger für die menschliche Kultur – von der Selbstbefriedigung zur Selbstvervollkommnung. Was der Vorfahre seiner Frau noch verheimlichen konnte – die Methodik der Archäologie bringt es zum Vorschein.

Mellars, Paul (2009): *Archaeology: Origins of the female image*, in: *Nature* 459, S. 176–177.

Nicht Fortschritt, sondern Fermentation brachte die Zivilisation.

Alkohol ist eine der gefährlichsten Drogen. Doch viel schockierender: Wir haben dem Alkohol einiges zu verdanken. Denn mit den körperlichen Schädigungen, dem verheerenden Suchtpotential und den gesellschaftlichen Problemen haben sich die Menschen wohl paradoxerweise die Zivilisation erkauft. Geißel der Menschheit oder Elixier menschlichen Geistes? Wohl beides, als zueinander in Widerspruch stehende Aussagen gleichen Wahrheitsgehaltes.

Trunkenheit ist wohl der erste wirklich zivilisierende Akt der Menschheitsgeschichte, resümieren Wissenschaftler und argumentieren: Alkohol könnte einer der wichtigsten Beschleuniger für die Entwicklung der menschlichen Zivilisation sein. Offenbar war Alkohol der Grund, warum die frühen Menschen beschlossen, das Jagen und Sammeln sein zu lassen, und stattdessen lieber Landwirtschaft betrieben. Es war wohl das Bedürfnis nach Rausch, das uns zu sesshaften Bauern machte.

Molekularbiologisch arbeitende Archäologen konnten in Tonscherben Hinweise auf antike alkoholische Getränke finden, die wohl schon 7000 bis 6600 vor Christus den Verstand benebelten. War Alkohol einer der Hauptgründe, Getreide anzubauen? Nicht das Brot, sondern Met sorgte dafür, dass der Ackerbau überhaupt Einzug hielt? Bier, so die Forscher, war leichter herzustellen als

Brot. Und der Mensch ist halt faul – man denke nur an den Ursprung seiner Nacktheit.

Als die Menschen mit der Kultivierung von Pflanzen begannen, waren sie höchstwahrscheinlich nach nicht in der Lage, Brot herzustellen. Das Urkorn war zudem recht ungeeignet für das Brotbacken. Alkohol dagegen war ein Zufallsprodukt. Zunächst waren es wohl faule, gegorene Früchte, ein matschiger fauler Apfel (oh Sünde!), die den Menschen den ersten Vollrausch bescherten. Einmal gekostet, konnte der Durst nach Alkohol nie mehr gestillt werden. Bis dann schließlich mal ein Urkorn zufällig in ein Wassergefäß fiel und dort fermentierte – der Mensch hatte entdeckt, wie man Alkohol herstellt. Um eine regelmäßige Dröhnung zu sichern, brauchte man dieses Korn nur anzubauen. Außerdem habe Alkohol viele positive Effekte auf die Psyche, anders als Brot, so die Forscher. Heiterkeit und Zuversicht, auch Schwips genannt, waren wohl der Antrieb, die Anstrengungen des Ackerbaus auf sich zu nehmen.

Flüssigchromatografie mit Massenspektrometrie-Kopplung haben die Zusammensetzung des Uralkohols offengelegt. In Tonsplittern entdeckte man Reste von Weinsäure, Bienenwachs und Phytosterole (Reisrückstände). Daraus machte man berauschenden Sud, indem man mit gekautem Reis Getreide in Malzzucker umwandelte.

Vermutlich lösten prähistorische Trunkenbolde, wahrscheinlich verkatert, die Neolithische Revolution aus, die zum Aufkommen von Ackerbau und Viehzucht führte – ein Epochenwechsel, der uns zu dem machte, was wir heute sind. Damit waren die Menschen nicht mehr abhängig davon, Früchte zu sammeln und diese gären zu lassen. Die ersten Landwirtschaftsbemühungen dienten dazu, stets ausreichend Getreide anzubauen, um Bier zu brauen. Schon bei den Sumerern wurde die Hälfte des geernteten Korns zum Bierbrauen verwendet. Alkohol ist damit verflüssigte Kulturessenz oder Kultur in destillierter Form. *Bibo cerevisiam, ergo sum* (Ich trinke, also bin ich) statt *Cogito, ergo sum* (Ich denke, also bin ich).

In dieser Periode wuchs die globale Urbevölkerung rapide – wahrscheinlich nicht Resultat landwirtschaftlicher Produktion, sondern des gegenseitigen Schöntrinkens. Denn in dieser Zeit verschlechterte sich sogar der Ernährungsstatus. Landwirtschaft hat viele Nachteile: Aufgrund der Ortsgebundenheit nahm die durchschnittliche Körpergröße ab, Urmonokulturen verursachten Hungersnöte, und die Sesshaftigkeit führte zu Pandemien. Dennoch vermehrten sich die Menschen …

Mit der Alkoholsucht verbreitete sich wohl auch diese langfristig produktivere Wirtschaftsweise. Der menschliche Körper scheint inzwischen sogar optimal für den Alkoholkonsum entwickelt zu sein. Ein Teil der Leber ist speziell für die Verarbeitung von Alkohol vorgesehen – eine Art eingebaute Trinkfestigkeit. Torkelnde Trunkenbolde sind die Urahnen unsere Zivilisation. Kurz: Kultur steht auf ziemlich wackeligen Beinen.

Quelle: McGovern, Patrick E. (2010): *Uncorking the Past: The Quest for Wine, Beer, and Other Alcoholic Beverages*, Berkeley, University of California.
McGovern, Patrick E./Zhang, Juzhong/Tang, Jigen/Zhang, Zhiqing/Hall, Gretchen R./Robert A., Moreau/Nuñez, Alberto/Butrym, Eric D./Richards, Michael P./Wang, Chen-shan/Cheng, Guangsheng, Zhao, Zhijun/Wang, Changsui (2004): *Fermented Beverages of Pre- and Proto-Historic China. Proceedings of the National Academy of Sciences USA* 101, S. 17593–17598.

Widerlich moralisch

Moral ist ein Ekelmechanismus.

Jetzt bitte nicht moralisch werden, denn das ist eklig. Wie bitte? Unermüdliche Forscher haben entdeckt, dass es wahrscheinlich der Ekelmechanismus war, der für unseren Sinn für Moral entscheidend war. Moral hat ursprünglich nichts mit Intelligenz und Vernunft zu tun, sondern sie ist vielmehr eine Art geistiger Affekt.

Das Gefühl, das uns vermittelt, ob etwas noch essbar ist oder nicht, der Ekel, könnte auch der Ursprung für die Unterscheidung von Moral und Unmoral sein, meinen Forscher.

Ausgerechnet das, was uns edel und rein macht, soll also aus einer Brech- und Würgreflex auslösenden Empfindung entstanden sein? Die Moral ist nicht einfach vom Himmel gefallen, sondern hat sich aus dem Naturzusammenhang heraus entwickelt. Hier die absurde Entwicklungsgeschichte dazu:

In einer Studie setzten Forscher ihren Versuchsteilnehmern Getränke vor, deren Geschmack zwischen süß und schrecklich bitter pendelte. Außerdem präsentierte man den Versuchspersonen eine Reihe von Bildern. Die Bilder zeigten traurige und ekelerregende Szenen. Währenddessen maßen die Forscher die Aktivität der Gesichtsmuskelgruppe *Levator labii*, die entlang unserer Wangen verläuft. Diese Muskelgruppe ist dafür zuständig, dass man einer Person ihren empfundenen Ekel auch ansieht. Ihre typische Aufgabe ist das Naserümpfen und Oberlippenheben. Damit wird das Inhalieren schädlicher Gerüche erschwert. Nur bei tatsächlichem Ekel werden die dazugehörigen Muskeln aktiviert, wie man aus entsprechender Forschung weiß.

Danach bat man die Probanden um ein Partnerspiel, bei dem jeweils ein Mitspieler 10 US-Dollar zwischen zwei Spielern aufteilen sollte. Bei dem Mitspieler handelte es sich um einen Schauspieler, der das Geld nach Versuchsplan absichtlich unfair verteilte. Die Probanden mussten dann lediglich entscheiden, ob sie das Verteilungsschema akzeptieren. Empfanden die Probanden die Aufteilung des Geldes als unfair bzw. unmoralisch, aktivierten sie unbewusst die Muskelgruppe auf die oben beschriebene Weise. Bei moralischer Empörung zogen sie die Nase genauso kraus wie etwa bei geschmacklicher Ablehnung.

Die Forscher schließen daraus, dass der Ekel, der uns davon abhält, etwas Krankmachendes zu verzehren, die Urform der Moral ist. Auf einer niedrigeren Entwicklungsstufe konnte der Mensch sich lediglich vor Ungenießbarem ekeln. Erst im Lauf der menschlichen Entwicklung wurden daraus irgendwann höhere moralische Prinzipien, Werte, Tugenden, Geltungsansprüche und alles mögliche Gute und Edle.

Ekelerregende Gerüche etc. sind im übertragenen Sinne also Unmoral. Da Ekel auch Übelkeit und Brechreiz bedeutet, ist Moral quasi zum Kotzen. So wurden aus den abstoßendsten Dingen die edelsten Zungen ... äh Züge der Menschlichkeit geboren. Durch Jahrhunderte dauernde Anpassung wurde ein körperliches System nicht zweckentfremdet, sondern zweckerweitert. Schlechtes Essen steht auf derselben Ebene wie ein sexuelles Tabu.

Quelle: Chapman, H. A./Kim D. A./Susskind, J. M./Anderson A. K. *In Bad Taste: Evidence for the Oral Origins of Moral Disgust*, in: *Science* 323, S. 1222–1226.

Kirche der Arroganz

Der menschliche Glaube an seine Einzigartigkeit ist Resultat des geistigen Stand-by-Betriebs.

Woher nimmt der Mensch eigentlich die Arroganz, sich als Krone der Schöpfung zu verstehen? Was macht ihn aus seiner Perspektive zum Herrn der Welt, der allem sonstigen organischen Leben überlegen ist? Wann hat sich der Mensch selbst so aufgewertet bzw. das heutige menschenzentrierte und -freundliche Selbstbild entworfen? Die Hauptquelle dieser Idee ist wohl die Religion, die wiederum eine skurrile Entwicklungsgeschichte hat.

Woher stammt also Religiosität, das spirituelle Gefühl, es gebe da noch ein, zwei, viele übernatürliche Wesen oder Mächte? Wissenschaftler entdeckten den Ursprung der Religiosität in einer speziellen Form der Schädel-Hirn-Verletzung.

Auf den Spuren der Spiritualität untersuchte ein Forscherteam intensiv Menschen mit drastischen Verletzungen der Gehirnregionen über dem rechten Ohr, wo die Parietallappen liegen. Diese Menschen befragte man konkret nach ihrem Sinn fürs Geistliche. Die Erleuchtung: je dramatischer die Verletzung, desto religiöser der

Mensch. Nicht funktionierende Parietallappen könnten demnach der Ursprung des Metaphysischen sein. Außerdem erkannten die Forscher, dass mit der Stärke der Gehirnverletzungen auch das Gefühl, mit anderen Menschen verbunden zu sein, bzw. das menschliche Mitgefühl zunahm. Dieses Mitgefühl ist aber eben nichts anderes als eine Art Spezlesegolsmus. Spezlesegolsmus lässt sich als Rassismus gegenüber anderen Spezies des Tierreiches verstehen.

Die Forscher fanden aber auch heraus, dass die Betenden dabei die Aktivität der genannten Hirnregionen aktiv reduzierten. Dazu scannten sie die Gehirne unverletzter Mönche und anderer Kleriker beim meditativen Beten. Auch hier waren es quasi defekte Parietallappen, die für Spiritualität und Mitgefühl sorgten.

Religiosität und die mit ihr einhergehende gedankliche Abgrenzung des Menschen vom Tierreich begann demnach so: Unsere Vorfahren begannen einst spontan zu meditieren. Dabei senkten sie die Atmungsaktivität drastisch. Der dadurch verringerte Sauerstoffgehalt des Blutes schränkte die Funktion wichtiger Gehirnregionen massiv ein. Ergebnis waren geistige Trips, die Gefühle der Entkörperlichung und Entselbstlichung verursachten. Außerdem fühlte man sich auf einmal miteinander verbunden – Nächstenliebe zum Mitmenschen. Das konnte der frühe Mensch sich nur mit seiner eigenen Überlegenheit erklären. Seine Spezieszugehörigkeit wurde ihm quasi als Realität ins Gehirn eingespielt. Dies beseelte zumindest einige unserer Vorfahren, die diese schmeichelhafte Botschaft dann schnell verbreiteten. In diesen Momenten griff der Mensch nach der Krone! Genau in diesem Moment, so vermuten Forscher, hat der Mensch willkürlich entschieden, dass er etwas Besonderes ist. Daraus folgte schließlich: »machet sie euch untertan und herrschet über die Fische im Meer und über die Vögel unter dem Himmel und über das Vieh und über alles Getier, das auf Erden kriecht.« (Mose 1, 26–31) Die menschliche Ausnahmestellung ist also Resultat eines Gefühls- und Glaubenssystems, dessen konsistenteste Botschaft wahrscheinlich nicht die zehn Gebote sind, sondern das Predigen der menschlichen Einzigartigkeit. Daraus speist die menschliche Gattung die Annahme, es gebe ein menschliches Privileg – das Primat des menschlichen Primaten sozusagen. Die ultimative Quelle des menschlichen Selbstbewusstseins ist letztendlich nur ein teilweise heruntergefahrenes Gehirn.

Quelle: Johnstone, Brick/Bodling, Angela/Cohen, Dan/Christ, Shawn E./ Wegrzync, Andrew (2012): *Right Parietal Lobe-Related «Selflessness» as the Neuropsychological Basis of Spiritual Transcendence*, in: *International Journal of the Psychology of Religion*.

Parasit an Bord

Ab und zu übernehmen Parasiten die Kontrolle über unsere Gedanken.

Wir sind die Summe unserer Eigenschaften, einzigartig und individuell. Doch woher kommt unser Charakter, unser einzigartiges Temperament? Halten Sie sich fest! Forscher haben eine mögliche Ursache identifiziert, die schier unglaublich ist: Letztendlich könnte sich hinter den verschiedenen Persönlichkeiten der Menschen schlichter Parasitenbefall verbergen. Zumindest ziemlich oft! Eine einfache Infektion, ausgelöst durch mikroskopisch kleine Parasiten, sogenannte *Toxoplasma gondii*, ist sehr wahrscheinlich Verursacher bestimmter psychischer Eigenschaften. Nicht nur ein Mix aus Umwelt- und Anlagebedingungen, sondern eben auch der Befall von Wesen der nicht-intelligenten Welt bestimmen die Persönlichkeit. Ist unser Charakter also nicht mehr und nicht weniger als eine Toxoplasmose?

Um dies zu testen, wurde 323 Versuchspersonen Blut entnommen, das mit immunologischen Tests auf Toxoplasmose geprüft wurde. Während die Bluttests analysiert wurden, durchliefen die Probanden verschiedene psychologische Tests, die Aufschluss über die Persönlichkeit gaben, wie etwa experimentelle Planspiele, in denen man die Risikobereitschaft erkennen kann. Und tatsächlich: Mit *Toxoplasma gondii* Infizierte waren wesentlich extrovertierter und weniger gewissenhaft als Nichtinfizierte.

Die beteiligten Forscher vermuten, dass die weitverbreiteten Parasiten Einfluss auf die chemischen Prozesse des Gehirns ausüben. Sie beeinflussen unser Verhalten, indem sie beispielsweise die Dopaminkonzentration erhöhen und sich auf den Hormonhaushalt auswirken, so die Wissenschaftler.

Mögliches Ziel der Manipulation: Auf diese Weise erhöhen die Parasiten die Wahrscheinlichkeit, dass ihr Wirt Fressfeinden zum Opfer fällt und sie sich auf diese Weise weiter verbreiten können! So steuern die Winzlinge ihre Ausbreitung und Reproduktion. Beispielsweise funktioniert das bei Tieren wie Mäusen. Infizierte Mäuse verlieren ihre Angst vor Katzen. Während die Maus verzehrt und verstoffwechselt wird, überlebt der Parasit und verbreitet sich über den Katzenkot weiter. Dummerweise befällt der Parasit auch Menschen.

Wie ein Computervirus, verändert er die Programmierung des Betriebssystems oder einzelner Komponenten. Nicht immer kommt das Immunsystem dagegen an. Bei Menschen korreliert *Toxoplasma gondii* beispielsweise mit Verkehrsunfällen. Wenn Sie das nächste Mal ein geschwindigkeitsbesessener Draufgänger – *denn sie wissen nicht, was sie tun* – an der Ampel zum Wettrennen animieren will, erinnern Sie sich daran, es ist der Parasit. Der Fahrer ist wahrscheinlich nur ein durch ein bogenförmiges Protozoon gesteuerter Wirt – Parasit an Bord! Manchmal muss man sich die Krone der Schöpfung eben teilen.

Quelle: Lindová, Jitka/Příplatová, Lenka/Flegr, Jaroslav (2012): *Higher Extraversion and Lower Conscientiousness in Humans Infected with Toxoplasma*, in: *European Journal of Personality 26*, S. 285–291.

Die allgemeine Grenze des Intelligenzzuwachses

Die menschliche Intelligenz hat ihren Scheitelpunkt erreicht.

Bevor überhaupt vorab falsche Hoffnungen aufkommen, hier der erste wirkliche Schocker: Die Menschheit wird nicht mehr viel klüger, als sie jetzt ist. Mit all den in den folgenden Kapiteln beschriebenen geistigen Fehlern müssen wir uns wohl für immer abfinden. Die menschliche Intelligenzgrenze ist erreicht. Zwar nehmen die globalen Intelligenzquotienten zu (auch gern Flynn-Effekt genannt), aber eben überwiegend nur in der unteren Hälfte der Verteilung. Daran können auch sogenannte Wunderpillen wie Ritalin und Prozac nichts ändern.

Der Mensch versucht intensiv, die eigene geistige Leistungsfähigkeit pharmakologisch zu verbessern. Ein besseres Gedächtnis oder stärkere Konzentration durch Medizin? Tatsächlich hat die Wissenschaft in diesem Bereich erhebliche Fortschritte gemacht. Fluoxetin, Amphetamine oder Modafinil sind nur ein paar wenige Beispiele, mit denen man die Stimmung aufhellt, die Wachheit steuert oder die Konzentrationsfähigkeit stärkt – etwa indem man bestimmte Rezeptoren künstlich stimuliert. Diese Medikamente sind übrigens des Wissenschaftlers *best friend*, denn rund 20 Prozent der vom renommierten Wissenschaftsmagazin befragten Wissenschaftler gaben zu, damit zu experimentieren. Derlei Medikamente wurden schon mit Bildung gleichgesetzt – Drogen hätten ähnliche Funktionen wie Schule und Hochschule.

Doch dieser Fortschrittsoptimismus sei unbegründet, sagen Forscher. Denn die Vorstellung »superexponentiellen« Intelligenzwachstums bleibt wohl ein ewiger Traum.

Die Vision einer unendlich steigerbaren Intelligenz entbehrt jeglicher Realität. Auf die Einnahme von leistungssteigernden Medikamenten folgt eine u-förmige Leistungskurve und hat unbeabsichtigte Nebenwirkungen, so evolutionsbiologische Intelligenzforscher. Untersuchungen zeigen, dass Amphetamine, Ritalin und Modafinil oft nur vernachlässigbare Verbesserungen zeitigen. Steigert man eine Fähigkeit des menschlichen Geistes, dann geschieht dies außerdem auf Kosten einer anderen geistigen Fähigkeit, wodurch es zu einem schädlichen, geistigen Ungleichgewicht kommen kann.

Viel schlauer können wir also nicht mehr werden. Würde man weiter versuchen, die menschliche Intelligenz zu »tunen«, dann würde dies unausweichlich zu Nebenwirkungen führen, wie etwa bei Inselbegabten – Menschen, die außergewöhnliche Fähigkeiten etwa im logisch-mathematischen Bereich der Intelligenz erbringen, die aber ihre besondere Inselfertigkeit mit starken geistigen Störungen wie Autismus, extremer Synästhesie und anderen neuronalen Erkrankungen bezahlen. In etwa wie der autistische Raymond aus dem Film *Rain Man*. Dem Nutzen des Intelligenzzuwachses stehen hier geistige Krankheiten entgegen: Tay-Sachs, Niemann-Pick, Gaucher und Mukolipidose.

Die Intelligenz folgt nicht wie die Technologie dem Mooreschen Gesetz, wonach die Rechenleistung von Computern aufgrund verbesserter Bauteile exponentiell zunimmt.

Dies liegt vor allem daran, dass der menschliche Geist der evolutionären Selektion unterliegt. Im Prinzip also ein Kompromissgebilde aus Potential und Zwängen aus ökologischen, körperlichen und geistigen Systemen ist. Der menschliche Geist ist unrettbar: Unsere Gehirne befinden sich in ihrer Entwicklung offenbar bereits im optimalen Bereich. Vielleicht haben wir kein größeres Gehirn, was uns durchaus klüger machen würde, weil dann Frauen ein breiteres Becken gebraucht hätten, um derlei großköpfige Superhirne überhaupt gebären zu können.

Aber dieses vergrößerte Becken hätte dazu geführt, dass Frauen sich schlechter fortbewegen können. Und dann wären die Intelligenzbestien schnell Opfer von altsteinzeitlichen Raubtierbestien geworden, jaja!

Im physiologischen Sinne existiert keine Gedankenfreiheit. Denn denkbar sind nur Gedanken, für die genügend Kapazitäten vorhanden sind. Alles andere übertrifft die Leistungsfähigkeit des für den Menschen Denkbaren. Der menschliche Geist in seinem heutigen Zustand ist das Ergebnis aus vielen Irrwegen der Entwicklung. Das Gehirn folgt nicht der Regel »je mehr desto besser«, sondern der »So-wenig-Aufwand-wie-möglich«-Regel. Wir sind von den Naturgesetzen als halb klug konzipiert.

Quelle: Hills, Thomas/Hertwig, Ralph (2011): *Why Aren't We Smarter Already: Evolutionary Trade-Offs and Cognitive Enhancements*, in: *Current Directions in Psychological Science*, 20, S. 373–377.

Hirnverlust

Aus Effizienzgründen schrumpft das menschliche Hirn fortlaufend.

Was würde passieren, würde man Sie in einen gefriergetrockneten Zustand versetzen und erst in ferner Zukunft wiederbeleben? Sie wären dann sehr wahrscheinlich der Mensch mit dem größten Gehirn der Welt. So eine Art Megabrain unter lauter XS-Modellen.

Tatsächlich haben Wissenschaftler festgestellt, dass das menschliche Gehirn kontinuierlich schrumpft. Zwar sind wir, der *Homo sapiens*, das Lebewesen mit dem größten Gehirn auf Erden, aber eben erst nach unseren stammesgeschichtlichen Vorfahren, die vor 20 000 bis 30 000 Jahren in Europa lebten. Und das hat nichts mit der Körpergröße zu tun. Das Gehirn wurde lange Zeit kleiner, obwohl der restliche Körper gleich blieb. Folglich gehen wir in unserer Entwicklung langsam in Richtung Dinosaurier: kleines Hirn in großem Körper.

Rund zwei Millionen Jahre unserer Evolution lang wuchs unser Gehirn stetig. Doch Anthropologen können jetzt zeigen, dass sich das menschliche Gehirnvolumen im Laufe der letzten 20 000 Jahre (quasi im »Zeitraffer«) durchschnittlich um 150 Kubikzentimeter verringerte. Würde diese Schrumpfungsrate weitere 20 000 Jahre anhalten, dann wäre das menschliche Hirn am Ende dieser Zeit durchschnittlich so klein wie das Hirn eines *Homo erectus* – ca. 1100 Kubikzentimeter.

Das ist jetzt kein Gehirnuntergang, hat aber Folgen: Eine neuere Metaanalyse zum Zusammenhang zwischen In-vivo-Hirnvolumen und Intelligenz, die 37 Studien mit über 1530 Versuchsteilnehmern umfasst, beweist, dass Hirnvolumen positiv mit Intelligenz korreliert.

Den Schrumpfungsprozess deckten Forscher auf, indem sie für 175 Hominidenschädel das Hirnvolumen, die fossile Datierung sowie die damalige Bevölkerungsdichte und den Breitengrad etc. erhoben. Die Fossilien umfassten eine Spanne von 10 000 bis 1,9 Millionen Jahren. Auf diese Weise konnten die Forscher rekonstruieren, wie sich das menschliche Hirnvolumen im Laufe der menschlichen Entwicklung veränderte bzw. verringerte.

Nachdem die Messversuche interessanterweise eine Abnahme der grauen Masse zeigten, brachte man diese Ergebnisse mit der Bevölkerungsdichte in Zusammenhang. Das Ergebnis: Die unheimliche Hirn-Schrumpfung begann mit der Herausbildung einer immer komplexer werdenden Gesellschaft. Je dichter die Bevölkerung zusammenlebte, je mehr sie sich an einigen wenigen Orten konzentrierte, desto schneller sank das Volumen des menschlichen Gehirns. Die Forscher folgern daraus, dass die in arbeitsteiligen Großgruppen lebenden Menschen bestimmte kognitive Funktionen nicht mehr brauchten. Gemeinsames Jagen und Sammeln erleichterte die Nahrungsbeschaffung, Handel und Kooperation vereinfachten die Produktion von lebenswichtigen Gütern – all dies erhöhte die Sicherheit, Wirtschaftlichkeit und reduzierte das Sterblichkeitsrisiko. In der Folge nimmt der Selektionsdruck ab.

Im Schutzraum dieser fortgeschrittenen Gesellschaft begann das Downsizing unserer grauen Zellen. Eine abgespeckte Version unseres Denkapparates genügt nun, um zu überleben. Demnach lagern wir einen Teil unserer Denkleistung einfach an die Gemeinschaft aus. In der Gemeinschaft muss nicht mehr jeder alles und vor allem nicht alleine machen. Die partnerschaftliche Zusammenarbeit bedeutet auch, dass man fremdbezieht, was man vorher selbst erbringen musste – gerade auch geistig. Die Umverteilung des Denkens führt zu einem langsamen Verlust der eigenen Denkkapazitäten.

Energiesparen heißt das Zauberwort. Weil die Unterstützung durch die Gemeinschaft nicht mehr ganz so große Anforderungen an die Intelligenz des Einzelnen stellt, verzichtete die Evolution wahrscheinlich auf den höheren Energieverbrauch und die längere Entwicklungszeit eines großen Gehirns. Obwohl ein größeres Gehirn möglicherweise ein breiteres Funktionsspektrum besitzt, reicht für das vergesellschaftlichte Leben wohl auch ein kleineres, aber energieeffizienteres Oberstübchen. Demnach sind wir wie domestizierte Tiere, die ebenfalls ein viel kleineres Gehirn aufweisen als ihre wilden Vorfahren. Evolutionsbiologen haben in Tierexperimenten (Evolution im Labor sozusagen) gezeigt, dass sich das Gehirnvolumen von Tieren in generationenübergreifender Gefangenschaft erheblich verringert.

Anders als unsere Vorfahren, die die kulturelle Revolution einleiteten, indem sie u. a. aus dem Nichts die Sprache erfanden, gehen wir in die Schule und bekommen sie eingetrichtert. Wir sind demnach Zwerge auf den Schultern von Riesen, die am Denkorgan sparen, weil wir von den Leistungen früherer Generationen profitieren. Geiz ist aus Sicht der Evolution auch einfach nur geil.

Auch andere Forscher sind derselben Meinung und halten unsere Vorfahren vor 2000 bis 6000 Jahren für klüger und emotional stabiler. Der Mensch profitiere aktuell von Bedingungen, die zu schaffen er aber nicht mehr in der Lage wäre. Nur die Begründung lautet anders. Grundlage bilden hier die Berechnungen der Häufigkeit, mit der schädliche Erbgutveränderungen im menschlichen Genom stattfinden. Ausgerechnet die Gene, die für die Funktionsweise des Gehirns zuständig sind, so die Forscher, seien besonders anfällig für derlei Mutationen. Nur der mörderische selektive Druck einer feindlichen

Umwelt könne die intelligenzzerstörenden Folgen dieser Anfälligkeit abwenden. Kurz: Wer zu dumm war, den Speer ins Ziel zu bringen, den fraß eben der Säbelzahntiger. Auf diese Weise funktionierten die natürlichen Gefahren als Dummheitsfilter. Seitdem die Menschen aber sesshaft in großen, eingehegten Gemeinschaften leben und Ackerbau betreiben, fehle dieser Druck. Dummheit ist demnach kein Selektionshindernis mehr. Die Forscher schätzen, dass wir im Durchschnitt inzwischen zwei bis sechs neue Mutationen mehr besitzen als unsere Vorfahren vor 3000 Jahren, die unsere Denkleistung beeinträchtigen. Der intellektuelle Hochpunkt sei somit überschritten.

Quelle: Bailey, Drew H./Geary, David C. (2009): *Hominid Brain Evolution: Testing Climatic, Ecological, and Social Competition Models*, in: *Human Nature* 20, S. 67–79.
Lindberg, Julia/Björnerfeldt, Susanne/Peter, Saetre/Kenth, Svartberg/Seehuus, Birgitte/Bakken, Morten/Vilà, Carles/Jazin, Elena (2005): *Selection for tameness has changed brain gene expression in silver foxes*, in: *Current Biology* 15, S. 915–916.
Crabtree, Gerald R. (2012): Our fragile intellect, in: Trends in Genetics, doi: 10.1016/j.tig.2012.10.002–003.

Wirkungsgrad der Dummheit

Mit dem technischen Fortschritt des Menschen wächst auch der Wirkungsgrad dessen Dummheit.

Problematisch ist, dass die Schädlichkeit unserer Denkfehler und Fehlleistungen permanent zunimmt. Denn es werden immer mehr Todesfälle durch immer kleinere menschliche Fehlentscheidungen verursacht. Beispielsweise sind die Wechselwirkungen zahl- und folgenreicher als früher. Vor hundert Jahren wurden nur knapp 10 Prozent der Todesfälle, so schätzen Forscher, durch menschliche Fehlentscheidung verursacht. Heute liegt der Anteil bei mehr als 45 Prozent. Woran liegt das?

Eine Steinschleuder ist sehr viel weniger effektiv als ein modernes MG. Ein einzelner, gestörter Amokläufer kann mit moderner Waffentechnik heute leicht hunderte Menschen töten. Ein Unfall mit der Pferdekutsche ist wesentlich weniger tragisch als ein Flugzeugabsturz. Bedienungsfehler haben heute katastrophale Folgen. Der technologische Fortschritt hat zahlreiche Möglichkeiten geschaffen, uns versehentlich oder absichtlich selbst zu töten. Die kulturelle Evolution offenbart uns Möglichkeiten (etwa das Autofahren), die nicht mit unserer Natur harmonieren. Die technischen Kapazitäten haben den Wirkungsgrad der geistigen Nicht-Kapazitäten des Menschen erhöht. Der Wirkungsgrad ist das Verhältnis von abgegebener Dummheit und zugeführter Schädlichkeit. So paradox es klingen mag: Die Effizienz von Dummheit hat im Lauf der Zeit zugenommen. Letztendlich wirkt es so, als sei der Mensch nicht intelligent genug, um mit seinen geistigen Errungenschaften angemessen umzugehen. Nichts ist gefährlicher als eine Dummheit, deren Zeit gekommen ist!

Quelle: Ariely, Dan (2011): *The Limits of Reason: Control Yourself!*, in: *The European*, S. 1.

Aus der olympische Traum

Die körperliche Leistung hat ihren Scheitelpunkt erreicht.

Geistig tritt das ein, was körperlich schon Realität ist. Hochgezüchtete Eliteathleten haben längst aufgehört, ständig neue Weltrekorde zu brechen. Die meisten Weltrekorde sind Legenden aus vergangenen Dekaden.

Wissenschaftler haben 3263 Weltrekorde olympischer Sportarten zwischen 1896 bis 2007 analysiert und statistisch nachweisen können, dass das Leistungsplateau der meisten Sportarten längst erreicht ist. Die menschliche Spezies ist an ihre physiologischen Grenzen gestoßen, egal ob im Kraft- oder Ausdauersport, Gruppen- oder Einzelsport. Letztendlich geht es wirklich nur darum, dabei zu sein, aber nicht mehr um Rekorde.

Quelle: Berthelot, Geoffroy/Thibault, Valérie/Tafflet, Muriel/Escolano, Sylvie/El Helou, Nour/Jouven, Xavier/Hermine, Olivier/Toussaint, Jean-François (2008): *The Citius End: World Records Progression Announces the Completion of a Brief Ultra-Physiological Quest*, in: *PLoS ONE* 3, S. e1552.

Zuckerverblödung

Die Menschheit hat ein Gewichtsproblem. Überall auf der Welt wird man fetter.

Man spricht schon von einer Fettleibigkeitspandemie. Insgesamt, so eine Forschergruppe, wiegen alle Menschen zusammengenommen 287 Millionen Tonnen. 15 Millionen Tonnen dieser Masse entfallen auf Übergewichtige und 3,5 Millionen Tonnen auf Fettsüchtige. Summiert man diese Zahlen, entspräche dies dem Normalgewicht von zusätzlich einer Milliarde Menschen auf der Erde.

Gleichzeitig nimmt der Zuckerkonsum exorbitant zu – noch nie in der Geschichte der Menschheit wurde so viel raffinierter Zucker konsumiert (Saccharose, Fructose). Fatalerweise scheinen Menschen darauf programmiert zu sein, Zucker zu konsumieren. Menschen sind nicht nur »Freunde« des süßen Geschmacks, Menschen kleben am Süßkram wie türkischer Honig im Gaumen.

Tierexperimente zeigen, dass Zucker tatsächlich abhängig macht. Zucker erhöht den Dopaminspiegel und die Opiatausschüttung, körpereigene Substanzen, die wie stimmungsaufhellende Drogen wirken. Bei einem Experiment entzog man Versuchratten turnusmäßig zwölf Stunden lang Nahrung, um sie anschließend vier Stunden von einer Zuckerlösung trinken zu lassen. Nach einem Monat normalisierte man die Essensaufnahme. Als Folge zeigten die Ratten eine Reihe von Verhaltensweisen, die einem Drogenentzug gleichen. Sie zeigten Anzeichen von Angst, Depression und sonstige Entzugserscheinungen. Auch Menschenversuche können dies bestätigen. Besonders Fettleibige zeigen ein ähnlich verändertes Gehirn wie Drogenabhängige. Bisher war dieses Suchtpotential, gerade auch im Vergleich mit harten Drogen, unbekannt.

Heftiger ist nur, dass diese Sucht offenbar stärker wirkt als Kokain. Forscher ließen Versuchstiere bei einem Experiment achtmal am Tag zwischen Saccharin oder Kokain wählen. Nach einigen Durchgängen, in denen die Ratten beides probierten, bevorzugten 94 Prozent der 132 Nager den süßen Geschmack von Saccharin. In einer kleinen Box konnten sie entweder einen Hebel mit 0,25 mg Kokain betätigen oder eben einen Hebel, mit dem sie eine 0,2-prozentige Zuckerlösung zugeteilt bekamen. Nach wenigen Tagen stand das erschreckende Ergebnisse fest: Zucker übersteigt Kokain in seiner belohnenden Wirkung.

Zuckersucht bedeutet eigentlich, paradox wie es klingt, Fitness – im Überlebenskampf und nicht im Schönheitswettbewerb. Denn Zucker ist Energie in Reinform. Und Zucker macht abhängig, was die Motivation unglaublich steigert, ihn zu besorgen. Zucker sendet supranormale Belohnungssignale ans Gehirn, was Selbstkontrollmechanismen außer Kraft setzt und Sucht provoziert.

Was auch immer hinter diesem Mechanismus steckt, er macht eine verblödende Substanz unwiderstehlich. Denn zu allem Übel macht Zucker auch noch dumm. Bei Laborratten führt der Konsum von Zucker zu schlechterem Gedächtnis. Ausgerechnet die Sucht, die uns die Natur quasi in die Wiege gelegt hat, macht dumm.

In einem entsprechenden Experiment trainierte man Ratten zweimal täglich fünf Tage lang an einem Labyrinth aus Acrylglas. Man platzierte die Ratten in der Mitte des Labyrinths und gab ihnen jeweils fünf Minuten Zeit, den Ausgang zu finden. Mit jedem weiteren Versuch durchzogen die Ratten das Labyrinth schneller und mit weniger Irrwegen – ihr räumliches Gedächtnis war trainiert. Während dieser Trainingszeit reichte man ihnen nur Wasser und Standardrattenfutter. Danach teilte man die Ratten in zwei Gruppen. Für die darauffolgenden sechs Wochen gab es für eine Gruppe Laborratten eine Zuckerwasserdiät mit 15 Prozent Fructose. Der anderen Gruppe servierte man eine Leinöl- und Fischöldiät. Danach ließ man die Ratten erneut das trainierte Labyrinth absolvieren, um zu sehen, wie gut sie sich daran erinnern. Das Ergebnis ist krass: Nicht nur konnten sich die Ratten der Zuckertruppe schlechter im Labyrinth zurechtfinden, sondern auch die Latenzzeit erhöhte sich, und ihr Gehirn war substanziell verändert. Dies lässt nur den Schluss zu, dass zuckerhaltige Ernährung die Entwicklungsfähigkeit der Synapsen stört und das zuckerregulierende Protein Insulin im Hippocampus blockiert – eine Störung des Stoffwechsels, die entscheidende geistige Nachteile mit sich bringt.

Kurz: Zucker löst eine direkte Gedächtnisstörung aus. Die Zusammensetzung der Nahrung kann unsere Intelligenz beeinflussen, meinen die am Experiment beteiligten Forscher.

Im Klartext: Zucker macht blöd! Der in Intelligenz zu zahlende Tribut ist erheblich. Tatsächlich zeigen Untersuchungen, dass dicke Menschen im Wortlaut der Forscher eine geringe »Plastizität des Gehirns und der Kognition« aufweisen.

Zuckrige Raffinessen standen viele Jahrzehnte lang nur einer kleinen privilegierten Minderheit zu Verfügung, nämlich den Adelsgeschlechtern. Ungeklärt ist, ob nicht der verdummende Zuckerkonsum letztendlich zum Ende des Feudalismus führte. Wie sagte doch Marie Antoinette so schön: »Wenn sie kein Brot mehr haben, sollen sie doch Kuchen essen.« Nun ja, eine verdummte

Elite regiert nicht gut. Die wohl verführerischste Speise, die der Mensch kennt, ist ausgerechnet die, die ihn verblödet.

Quelle: Avena, Nicole M./Rada, Pedro/Hoebel, Bartley G. (2008): *Evidence for sugar addiction: Behavioral and neurochemical effects of intermittent, excessive sugar intake*, in: *Neuroscience Biobehavioral Review* 32, S. 20–39.
Singh-Manoux, Archana/Czernichow, Sébastien/Elbaz, Alexis/Dugravot, Aline/Sabia, Séverine/Hagger-Johnson, Gareth/Kaffashian, Sara/Zins, Marie/Brunner, Eric J./Nabi, Hermann/Kivimäki, Mika (2012): *Obesity phenotypes in midlife and cognition in early old age – The Whitehall II cohort study*, in: *Neurology* 79, S. 755–762
Lenoir, Magalie/Serre, Fuschia/Cantin, Lauriane/Ahmed Serge H. (2007): *Intense Sweetness Surpasses Cocaine Reward*, in: *PLoS one* 2, S. 1–10.
Agrawal, Rahul/Gomez-Pinilla, Fernando (2012): *»Metabolic syndrome« in the brain: Deficiency in omega-3-fatty acid exacerbates dysfunctions in insulin receptor signaling and cognition*, in: *The Journal of Physiology* 590, S. 2485–2499.

Rückläufige Läufe

Auf den aufrechten Gang folgt gar kein Gang.

Der Mensch hat nicht nur sein Intelligenz- und Leistungsmaximum erreicht, er hat auch sein Bewegungsmaximum überschritten – Faulheit ist die Hauptaktivität des Menschen. Die globale Trägheit steigt rasant. Der Rückgang körperlicher Aktivität wird weltweit beobachtet, nicht nur in der ersten Welt. Technik entwickelt sich gewissermaßen immer mehr von der Prothese zum Ersatz für menschliche Aktivität überhaupt.

Führende Forscher dagegen waren aktiv und trugen alle zugänglichen Längs- und Querschnittdaten seit den 1960er-Jahren darüber zusammen, wie lange die Menschen auf dem Globus körperlich aktiv sind. Als Grundlage dienten detaillierte empirische Ergebnisse der Weltgesundheitsorganisation WHO. Die Daten beinhalten Angaben über die durchschnittliche Schlaf-, Arbeits- und Freizeit und den Energieverbrauch dabei. Außerdem griffen die Forscher auf Fallstudien zurück, die zusätzliche Auskunft über das Aktivitätsniveau bzw. Faulheitslevel der menschlichen Gattung gaben. Das Ergebnis ist eindeutig und robust: Überall auf der Welt herrscht Bewegungsmangel.

Mehr oder weniger alles, was der Mensch zu tun hat, verlangt immer weniger Bewegung. Die Menschheit geht sozusagen von der Sesshaftigkeit in den Stillstand über, zumindest was die körperliche Aktivität angeht. Auch eine Prognose wagen die Forscher. Trend und Muster verweisen darauf, dass die Menschen künftig noch weniger vom Fleck kommen. Dies ist auch der Grund für das massive Energieungleichgewicht. Wir nehmen in Form von Nahrung mehr Energie zu uns, als wir verbrauchen. Dieses Missverhältnis zwischen Aktivität und Inaktivität führt zu Trägheit. Wahrscheinlich der Beginn einer Metamorphose in dicke, herzgeschädigte Couchpotatoes.

Quelle: Ng, Shu Wen/Popkin, Barry M. (2012): *Time use and physical activity: a shift away from movement across the globe*, in *Obesity Reviews*, S. 1–22.

Die Grenze des Willens

Der Mensch strebt hemmungslos nach Belohnung.

Die Grenze des Wollens trennt die Bereiche unseres Körpers und unseres Geistes, die wir kontrollieren können, von den Bereichen, in denen wir machtlos sind: Es beschreibt einen durch Unfreiheit aufgerichteten Schutzwall in unserem Inneren. Diese uns eingebaute Grenze hält uns am Leben!

Aber von vorn: Warum können wir beispielsweise die Hormonausschüttung, den Blutdruck etc. nicht genauso selbstverständlich kontrollieren wie unsere Beine und Arme? Warum können wir nicht selbst bestimmen, wann das Gehirn bestimmte Neurotransmitter ausscheidet? Auf diese Weise könnten wir etwa unsere Gefühle selbst planen. Wir könnten selbst bestimmen, wann wir erregt, verängstigt oder tiefenentspannt wären. Doch dies sind alles Prozesse, die eines gemeinsam haben: Wir sind ihnen hilflos ausgeliefert. Warum ist unser Zuständigkeitsbereich so eng?

Der Mensch ist in seiner Macht nicht ohne Grund eingeschränkt! Schuld ist eine Art Selbstzerstörungsschutz. Eine vollständige Kontrolle über alle geistigen und körperlichen Funktionen wäre wohl mit ziemlich großer Sicherheit tödlich. Jede Möglichkeit der bewussten Kontrolle dieser Mechanismen und Prozesse wäre wie eine Art »Selbstzerstörungsknopf«. Um uns am Leben zu halten, hat uns die Natur quasi unseres eigenen Körpers und Geistes enteignet.

Forscher konnten diesen Selbstzerstörungseffekt an

Tiermodellen experimentell nachweisen. Die faustischen Wissenschaftler pflanzten zur Beweisführung Elektroden in die Gehirne von 10 Ratten. Mithilfe dieser Elektroden war es möglich, das Belohnungszentrum des Rattenhirns elektrisch zu stimulieren. Aktivierte man die Elektrode, empfanden die Ratten angenehme Gefühlslagen – eine Art neuronales Zuckerbrot.

Im nächsten Schritt befähigte man die Ratten, diese Elektroden selbst zu bedienen, indem man ihnen eine Art »Schalter« in den Käfig legte. Glückszustände auf Abruf sozusagen. Die Forscher statteten die Ratten also mit der Kontrolle ihrer Gehirnaktivitäten aus. Was machten die Ratten mit dieser Vollmacht über ihren Geist? Sie verkrochen sich in eine Ecke ihres Käfigs, ignorierten Nahrung und betätigten den Schalter so lange, bis sie verhungert waren. Die Fähigkeit der Selbstverwaltung von Hirnstimulation wäre auch für den Menschen unmittelbar zwanghaft und damit lebensbedrohlich. Mithilfe dieser direkten Kontrolle wäre eine direkte Aktivierung von Belohnungsgefühlen möglich, synaptische Barrieren in den sensorischen Bahnen würden komplett umgangen. Das ist so effektiv, dass die eben beschriebenen Ratten den Schalter innerhalb einer Stunde bis zu 742 Mal betätigten.

Der damit bewiesene Fakt ist erschreckend: Nur weil uns die Kontrolle über unseren eigenen Körper und Geist entzogen ist, überleben wir. Mit dem ständigen Negativgefühl, nicht Herr unseres Selbst zu sein, das dieses Buch hier faktenreich dokumentieren will, erkauften wir uns unser Überleben. Paradox, aber leider wahr: Der Mensch ist dermaßen dumm, dass ihm die Natur nicht die Kontrolle über sich selbst übertragen wollte – eingebauter Artenschutz sozusagen. Der Regler darf nicht in unsere Hände gelangen. Schon das kurzzeitige Ein- und Ausschalten dieses Autopiloten ist ein riskantes Manöver, wie das Drogenproblem der Menschheit zeigt.

Daran leidet der Mensch wohl am meisten – dass er quasi an den Mast der eigenen Dummheit gekettet ist und so dem Licht der Vernunft nicht folgen kann. Das ähnelt Odysseus, der dem Gesang der Sirenen widerstehen wollte, indem er sich an den Schiffsmast binden ließ – nur eben andersherum. So kann der Mensch zwar das Licht der Aufklärung sehen, die ihm bei einem kurzen Besuch Perfektion verspricht, aber wollte er ihr folgen, bindet die Dummheit seine Seile, wie vorher festgelegt, noch fester.

Durch hartes und langwieriges Üben ist es zwar möglich, diese Grenzen zu perforieren. Dazu müsste man aber wohl wie ein Fakir oder Yogi leben. Und das ist dann auch wieder suboptimal.

Quelle: Routtenberg, Aryeh; Lindy, Janet (1965): *Effects of the availability of rewarding septal and hypothalamic stimulation on bar pressing for food under conditions of deprivation*, in: *Journal of Comparative and Physiological Psychology* 60, S. 158–161.
Olds, James/Milner, Peter (1954): *Positive reinforcement produced by electrical stimulation of septal area and other regions of rat brain*, in: *Journal of comparative and physiological psychology* 47, S. 419–427.

Gewohnheitstiere

Gewohnheiten sorgen dafur, dass wir selbst Verlassies immer wieder tun.

Jeden Tag dasselbe, routinierte Wiederholung am laufenden Band: Wir tun, was Usus ist, in Gedanken und im Verhalten, alleine oder in Gesellschaft. Die Gewohnheit ist das Spalier, das unsere Wünsche und Träume in die immer gleiche Wuchsform bringt. Weichen wir von der Routine ab, fühlen wir uns schlecht oder sind irritiert. Gewohnheiten können wir uns kaum entziehen. Warum?

Der Drang nach Gleichförmigkeit steht bereits in unserer biologischen Bauanleitung. Der Grund liegt in unserer elektrischen Hirnaktivität. Gewohnheit ist eine Art Stand-by-Modus unserer Urteilsfähigkeit, ein Energiesparwunder. Denn das Gehirn folgt einem gnadenlosen Sparprogramm. Eine der Sparmaßnahmen ist die Gewöhnung.

Forscher konnten mit einem EEG nachweisen, dass bei Routineaufgaben die Frequenz der Gehirnwellen abnimmt. Dazu richteten Wissenschaftler sieben Ratten mit implantierten EEG-Elektroden in einem t-förmigen Labyrinth ab. Die Ratten mussten am Ende der Gasse als Reaktion auf zwei verschiedene Töne jeweils entweder nach links oder rechts abbiegen, um eine Belohnung zu erhalten. In der Lernphase maßen die Forscher 70 bis 90 Hertz, in der Routinephase nur 15 bis 28 Hertz.

Wie das Tiermodell zeigt, läuft die Gewohnheitsschleife ungefähr so ab: Lernen wir eine neue Fähigkeit, dann sorgen hochfrequente Wellen für genügend Aufmerksamkeit. Ist die Fähigkeit gelernt, schaltet das Gehirn auf Sparflamme – die Gewohnheit ist gebildet. Die reduzierte Frequenz, in der die Neuronen feuern, erklärt auch, warum der Mensch so ignorant und unsensibel für alles Bekannte ist und gleichzeitig darin gefangen bleibt. Das Hirn bevorzugt nicht hochfrequente Gehirnwellen, sondern niedrigfrequente Betawellen – eine enorme Energieeinsparung. Diese niedrigen Frequenzen bilden den Rhythmus unseres stumpfen Alltags.

Hochfrequenzwellen benötigt das Hirn nur, wenn sich die Umgebung ändert, etwa im Urlaub oder nach einem Umzug, wenn Ungewohntes passiert oder Großes gedacht wird. Für den bekannten Rest reichen schwächere Signale. Auf diese Weise spart das Gehirn Energie, was in der Urzeit überlebenswichtig war. Ein Gehirn kann bis zu 20 Prozent der gesamten Energie verbrauchen. Im Verlauf der natürlichen Auslese überlebten diejenigen unter unseren Vorfahren, bei denen sich Tätigkeiten ziemlich schnell zu Gewohnheiten wandelten, vermuten die Forscher. Auf diese Weise konnten sie immer wieder auftretende Arbeiten energiesparend absolvieren.

Wir sind also Nachkommen langweiliger Gewohnheitstiere. Dies ist der Grund dafür, warum wir so perfekt als Rädchen im Getriebe funktionieren – die Gewohnheit ist dessen Schwungmasse. Und so besteht unser Alltag zu rund 40 Prozent aus antrainierten Automatismen.

Quelle: Howe, Mark W./Atallah, Hisham E./McCool, Andrew/Gibson, Daniel J./Graybiel, Ann M. (2011): *Habit learning is associated with major shifts in frequencies of oscillatory activity and synchronized spike firing in striatum*, in: *Proceedings of the National Academy of Sciences* 108, S. 16801–16806.

Sprachwelten

Wir sagen nicht, was wir denken, sondern denken, was wir sagen.

Es klingt paradox, aber nicht nur unser Denken bestimmt, was wir sagen und tun. Es funktioniert auch, andersherum. Denn das, was wir sagen, bestimmt auch, was wir denken und tun. Der Mensch ist quasi gefangen in dem, was er wie sagt. Das Gewebe aus Wörtern webt uns mit ein. Das ist ziemlich dumm, denn so sagt man nicht, was man denkt, sondern denkt, was man sagt bzw. liest.

Wissenschaftler konnten das eindrucksvoll nachweisen, indem sie der einen Hälfte ihrer 1482 Versuchspersonen einen städtischen Kriminalbericht vorlegten, in dem Kriminalität in übertragener Bedeutung beschrieben wird und zwar als »wildes Tier auf der Jagd in der Stadt, das auf seine Opfer lauert«. Der Bericht für die zweite Hälfte der Probanden beschreibt Kriminalität metaphorisch als »Virus«, der die ganze Stadt befällt. Beide Berichte beinhalteten aber dieselben Fakten und Statistiken, nur in der Verwendung der rhetorischen Mittel unterschieden sie sich. Nur etwa drei Prozent des Textes waren metaphorisch, der Rest bestand aus nüchterner Kriminalistik. Anschließend sollten die Versuchspersonen auf einem Fragebogen die Gegenmaßnahmen ankreuzen, die sie für geeignet hielten, um die Kriminalität einzudämmen.

Die erste Gruppe der Probanden bevorzugte überwiegend direkte Polizeiaktionen. Die zweite Gruppe bevorzugte hingegen soziale Reformen, etwa die Verbesserung der Bildung oder eine bessere Gesundheitsversorgung. Noch interessanter ist, dass fast alle Versuchspersonen im Anschluss der Meinung waren, sie hätten sich nur an den Fakten orientiert. Doch nur wenige Textteile reichten aus, um das Denken der Probanden komplett zu beeinflussen. Nicht die Statistiken, sondern lediglich die Sprache bestimmte, was gedacht wurde. Metaphern, die man gerne benutzt, um komplexe Dinge zu vereinfachen, haben eine düstere Macht, so die Forscher: Sie beeinflussen heimlich unser Denken. Und obwohl Metaphern massive Meinungsverschiedenheiten erzeugen können, geschieht dies weitgehend unbemerkt. Wahrscheinlich sind die für Metaphern gebrauchten Bilder so stark, weil die Ähnlichkeiten zwischen Kriminalität und Tieren dazu führt, Konsequenzen von der einen Domäne in die andere zu übertragen, so die Wissenschaftler. Als Folge geht man mit Kriminellen um wie mit wilden Tieren.

Noch skurriler ist allerdings, was die Forscher etwas später herausgefunden haben. Sie verglichen, welchen Einfluss Merkmale wie das Geschlecht oder die Bindung an eine politische Partei auf die gewählten Maßnahmen haben. Diese Charakteristika bestimmen normalerweise das Antwortverhalten bei politischen Fragen. Die Studie ergab, dass derlei Charakteristika nur eine Differenz von etwa neun Prozentpunkten erklärten. Die Metaphern allerdings machten eine Verschiebung von bis zu 22 Prozentpunkten aus. Metaphern sind demnach sogar einflussreicher als politische Überzeugungen.

Leider, so könnte man zusammenfassen, ist es fast

ebenso unmöglich, wichtige Zusammenhänge ohne Metaphern zu beschreiben. Metaphern haben eine suggestive Kraft – sie sind ein zentraler Aspekt jeder Entscheidung. Nicht wir erzeugen die Sprache, sondern die Sprache erzeugt uns. Denn das, was wir sagen, macht uns aus.

Es besteht eine deutliche Übereinstimmung zwischen sprachlichen Mustern und Denkmustern. Grammatik und Kognition beispielsweise, so konnten Wissenschaftler nachweisen, gehen eine solche verhängnisvolle Beziehung ein. Psychologen haben dazu den Zusammenhang zwischen dem grammatischen Geschlecht, dem Genus von Substantiven und dem künstlerischen Stilmittel der Personifikation (der bildlichen Vermenschlichung einer Idee) untersucht. Zu diesem Zweck betrachteten sie insgesamt 762 Gemälde internationaler Künstler aller Epochen dahingehend, auf welche Art und Weise Figuren, abstrakte Inhalte wie Liebe, Sünde, Verführung, Frieden, Wahrheit und so weiter allegorisch verkörpert werden. Ziel war es herauszufinden, welches Geschlecht die Darstellungsweisen verschiedener Kulturen haben. Wird beispielsweise »Sünde« malerisch und bildhauerisch eher als Frau oder eher als Mann versinnbildlicht? In der tschechischen Kunst wird der Tod beispielsweise immer in der Gestalt einer Frau gezeigt, in Deutschland erscheint er als Mann.

Diese Daten verglichen die Forscher anschließend mit dem grammatischen Geschlecht, die diese Begriffe und Vorstellungen in der jeweiligen Muttersprache der Künstler haben. In 78 Prozent der Fälle entsprach das grammatische Geschlecht dem Geschlecht der Darstellung.

Sprache bestimmt unser Denken und über Metaphern/ Allegorien/Personifikationen hinaus, wie die Welt um uns herum beschaffen ist. Für die Forscher ist es ein erster Hinweis darauf, dass Elemente der Sprache (in diesem Fall die Grammatik) sich in der physischen Welt so verdinglichen, dass sie uns beispielsweise als charmanter Südländer gegenüberstehen. In Italien beispielsweise verkörpert der Mann als Chiffre die Sünde! Er verhält sich einfach so, wie es ihm die Sprache »gebietet« – wie die Analyse über den Umweg Kunst eindrücklich zeigt. So reflektiert sich Sprache in der realen Welt.

Quelle: Thibodeau, Paul H./Boroditsky, Lera: *Metaphors We Think With: The Role of Metaphor in Reasoning*, in: *PLoS one* 6, S. e16782.
Segel, Edward/Boroditsky, Lera (2011): *Grammar in art*, in: *Frontiers in Psychology* 1, S. 1–3.

Sprachdiät

These: Sprache bestimmt unser Sein.

Aber es wird noch verrückter. Forscher haben Hinweise darauf gefunden, dass selbst die Finanzpolitik eines Landes sowie eine gesunde Lebensführung der Bevölkerung von der Grammatik der dort gesprochenen Sprache abhängen. Demnach macht Sprache unter Umständen nicht nur fett, sondern auch verantwortungslos.

Syntax ist ein entscheidender Grund dafür, dass Amerikaner eher verschuldet sind und einen größeren Kreditkartensaldo haben als etwa Deutsche.

Die deutsche Sprache verwischt den Unterschied zwischen heute und morgen, weshalb die Zukunft näher erscheint und Sparsamkeit und Gesundheit deshalb erns ter genommen wird. Einfach weil sich in schwachen FTRs (Future-Time-Relationship) die Zukunft wie die Gegenwart anfühlt. Wie bitte?

Nochmal von vorn: Sprachen mit starkem Zukunft-Zeit-Bezug, sogenannte FTRs, sind wenig förderlich für zukunftsorientierte Verhaltensweisen. In schwachen FTR-Sprachen werden die Verben nicht konjugiert, sondern es gibt Hilfsverben oder adverbiale Bestimmungen, während starke FTR-Sprachen mit speziellen Zeitformen der Verben arbeiten. Ausgerechnet schwache FTR-Sprachen, also Sprachen mit einer »schwach grammatikalisierten Zukunft« wie das Deutsche, das mit Hilfsverben arbeitet, fördern zukunftsorientiertes Verhalten.

In den Ländern, in denen Zukunft und Gegenwart nur geringfügig grammatikalisch voneinander getrennt sind, sind die Menschen offenbar eher in der Lage zur Impulskontrolle. Den anderen Sprachgruppen würde etwa Sparverhalten schwerer fallen. In diesen Ländern sichern sich die Menschen weniger gegen Unsicherheiten ab oder kümmern sich weniger um ihre künftige körperliche Verfassung, so die Wissenschaftler.

Diesem Zusammenhang auf der Spur, verglichen die Linguisten europaweit starke und schwache FTR-Sprachen mit Informationen und Daten über Verhaltensweisen. Darunter etwa die World Values Survey, verschiedene Gesundheitsstatistiken und OECD-Berichte über das wirtschaftliche Verhalten. Als Grundlage diente ein sprachwissenschaftliches Tool, die »Typologie der

Sprachen in Europa« (EUROTYP) der European Science Foundation, mit dem Sprachen grammatikalisch unterschieden werden. Berücksichtigt werden dabei u. a. verschiedene Verb-Endungen, Suffixe, Flexionen usw. So war es den Forschern sehr einfach möglich, Sprachen, die in Zukunftsaussagen eine grammatikalische Kennzeichnung haben, von Sprachen zu unterscheiden, die dies nicht haben. Extremform ist auf der einen Seite das Finnische, das keinerlei Futur kennt, auf der anderen Seite das Spanische, bei dem Verben sogar verschiedene Zukunftsformen haben. Die Forscher haben dann lediglich diese sprachlichen Unterschiede mit zukunftsweisendem Verhalten wie Sparen und Rauchen statistisch in Bezug gesetzt.

Das Ergebnis war eindeutig: Menschen in schwachen FTR-Ländern (Deutschland, Finnland und Estland) haben durchschnittlich pro Person rund 170 000 Euro mehr für ihren Ruhestand zurückgelegt als Menschen in starken FTR-Sprachländern (Großbritannien, Spanien oder Griechenland). Wird man durch die Grammatik gezwungen, zwischen heute und morgen zu unterscheiden, dann wird im Durchschnitt sechs Prozent des BIP weniger pro Jahr gespart.

Da es sich um einen Vergleich zwischen europäischen Ländern handelt, in denen Religion, Einkommen und das Bildungsniveau relativ gleich sind, spielt das, was man als Kultur bezeichnet, keine entscheidende Rolle. Möglicherweise ist es allein die Grammatik, die, außerhalb des Bewusstseins der Menschen, das Verhalten beeinflusst. Demnach ist Sprache einer der großen Risikofaktoren für Übergewicht und Verschuldung. Sprache ist nicht folgenlos. Ein Sprachwechsel kann demnach so etwas wie eine Diät sein.

Quelle: Chen, Keith (2012): *The Effect of Language on Economic Behavior: Evidence from Saving Rates, Health Behaviors, and Retirement Assets*, in: *Yale Working Paper*, S. 1–34.

Oben angelangt

Es gibt immer weniger Möglichkeiten und Bedürfnisse, Neues zu erschaffen.

Sprache ist ein wichtiger Indikator dafür, wie sich die Menschheit entwickelt hat und sich künftig entwickeln wird. Und das, was die Sprache aktuell hinsichtlich Zustand und Aussichten der Menschheit verrät, ist erschreckend. Denn obwohl die Menschheit (angeblich) in immer kürzeren Abständen immer mehr Entdeckungen macht und Entwicklungen durchläuft, erlebt der Mensch nichts Neues mehr. Die Wortneuschöpfung stagniert. Trotz immer neuer Errungenschaften entstehen keine Benennungslücken, es gibt kaum mehr Situationen und Bedingungen, die neue Wörter nötig machen.

Bisher haben historische Ereignisse und technische Neuerungen immer die Entstehung und Entwicklung neuer Wörter befördert. Es gibt immer weniger Benennungsanforderungen, denen man mit Sprache begegnen kann. Das ist traurig, bedeutet es doch, dass die Welt, die den Menschen umgibt, oder die vom Menschen selbst erschaffene Umwelt keine neuen Denkanstöße und Neuassoziationen auslöst. Die Welt beschleunigt sich in rasantem Tempo, nur die Sprache verlangsamt sich.

Folgendermaßen kamen die Forscher dieser Tragödie auf die Spur: Sie analysierten dazu etwa vier Prozent aller Bücher, die überhaupt jemals gedruckt wurden, also insgesamt 10^7 Wörter. Dazu konvertierten sie die von Google Book eingescannten englisch-, spanisch- und hebräischsprachigen Bücher von 1800 bis 2008 in statistisch auswertbare Daten. So war es möglich, im Zeitverlauf aufzuzeigen, wann Wörter neu aufkamen oder verschwanden. Mithilfe dieser umfassenden Digitalisierung der geschriebenen Sprache war es erstmals möglich, in schier unglaublicher Zahl Sprache statistisch zu analysieren.

Forscher haben herausgefunden, dass zu keiner anderen Zeit so viele alte Wörter so schnell verschwunden und neue Wörter so langsam entstanden sind. Es ist also sogar so, dass die Sprache schrumpft – die Menschheit hat sich immer weniger zu sagen.

Die wachsende Inhalts- und Bedeutungsarmut spiegelt sich auch in einer zunehmenden Eintönigkeit der Sprachen. Von den rund 7000 bekannten Sprachen heute, wird bis Jahrhundertende nur die Hälfte überleben. Die Sprachsterberate ist hoch – rund einmal alle zwei Wochen gerät eine Sprache in Vergessenheit, mit ihr das in ihr codierte Wissen über die Welt und durch sie chiffrierten Geschichten über das Menschsein. Stirbt eine Sprache, stirbt damit auch die Chance alternativen Verständnisses, ein weiterer kleiner Teil dessen, was menschenmöglich ist. Ursache hierfür ist unter anderem das hohe Prestige mächtiger Sprachen. Weil bestimmte Sprachen weiter verbreitet sind, steigert es die Erfolgschancen des Einzelnen, wenn er diese spricht. Dominante Sprachen verdrängen so tausende kleinerer Sprachen – ein globaler Linguzid.

Ähnlich sieht es mit der musikalischen Kreativität aus. Zuletzt war die Musik der Sechzigerjahre wirklich interessant und experimentell.

Auf Grundlage einer 464 411 Titel umfassenden Musikdatenbank konnten Wissenschaftler untersuchen, wie sich populäre Musik im Lauf der Zeit verändert hat. Das Datenset, 1200 Tage ununterbrochener Musikgenuss, umfasste zusätzliche Informationen zu Tempo, Lautstärke, Tonhöhe, Rhythmus etc. Die Forscher verwendeten einen komplizierten mathematischen Algorithmus, um die Bandbreite und Vielfalt der einzelnen Musikstücke zu identifizieren. Mithilfe der so gewonnenen Kennzahlen suchten die Forscher nach Mustern und Regelmäßigkeiten, die erkennen ließen, ob und wie sich von Generation zu Generation etwas in der Musik verändert. Und das Ergebnis?

Musik ist wie Sprache eine zentrale Ausdrucksmöglichkeit des Menschen, aber U-Musik klingt immer platter. Popsongs, deren harmonisches Vokabular etwa im Vergleich zur klassischen Symphonie sowieso schon verstümmelt ist, versimpeln weiter – ein Standartrezept aus ewig identischen, tristen Akkorden. Die Klangfarbe ist uni, allerhöchstens monochrom. Nachweislich erklingen immer weniger unterschiedliche Töne gleichzeitig, und immer weniger unterschiedliche Töne werden gespielt. Besonders deutlich veränderte sich die Lautstärke, in der die Songs abgemischt sind. Musik war nie trister und lauter!

Immer mehr Hohlheit mit immer mehr Schalldruck – so stampft die Popmaschine heute. Wenig Vielfalt in den Tonhöhen, ähnliche klangliche Paletten und wachsende Lautstärke machen moderne Musikproduktionen unglaublich schlicht. Musik ist bankrott, der musikalische Reichtum vergangen. Der Mensch mag offenbar einfachste Tonfolgen und das sehr laut. Auch hier scheint der Zenit längst überschritten.

Quelle: Petersen, Alexander M./Tenenbaum Joel/Havlin Shlomo, Stanley, H. Eugene (2012): *Statistical Laws Governing Fluctuations in Word Use from Word Birth to Word Death*, in: *Scientific Reports* 2, S. 1–9.
Austin, Peter K/Sallabank, Julia (2011): Introduction, in: Cambridge Handbook of Endangered Languages, Cambridge University Press, S. 1–24
Serrà, Joan/Corral, Álvaro/Boguñá, Marián/Arcos, Haro M./Arcos, Josep Ll. (2012): *Measuring the Evolution of Contemporary Western Popular Music*, in: *Scientific Reports* 521, S. 1–13.

Ende der Entdeckungen

Der Mensch darf erforschen, was er will, kann aber nicht alles wissen. Die Grenzen der Erkenntnis sind längst erreicht.

Auch für die Wissenschaft scheint es immer weniger zu entdecken zu geben bzw. sind die Hürden bis zu einer wichtigen Entdeckung zu hoch, respektive nicht mehr menschenmöglich. Haben wir alle Entdeckungsmöglichkeiten ausgeschöpft? Die Krönung des menschlichen Intellekts, die Wissenschaft – ist sie an ihrem Ende angekommen? Alles entdeckt, was entdeckt werden kann?

Die Forschung sagt ja. Alle niedrig hängenden Erkenntnisse sind bereits gemacht, was für die weitere Erforschung übrig bleibt, sind Erkenntnisse, die den menschlichen Horizont offenbar übersteigen. Die bisherige Vorstellung, mehr Forschung brächte auch mehr Entdeckungen, stimmt nicht mehr. Es ist längst passé, dass sich das Wissen regelmäßig verdoppelt, ganz im Gegenteil, es scheint eine Art umgekehrtes Mooresches Gesetz des Wissenschaftsfortschritts zu existieren. Die Entdeckungsrate sinkt. Denn die Anzahl gemachter Entdeckungen geht seit den Sechzigerjahren, insbesondere in der Medizin, konstant zurück.

Denn wissenschaftlicher Fortschritt ist nicht einfach das Ergebnis von zusätzlichem Aufwand, sondern hängt auch von der Schwierigkeit der Entdeckung ab. Bei der Erforschung chemischer Elemente verhält sich z. B. die Größe des Elements umgekehrt proportional zur Schwierigkeit der Entdeckung/Nachweisbarkeit. Diejenigen Elemente höherer Ordnungszahl waren leichter zu finden, neue Elemente sind aufgrund ihrer Seltenheit und Instabilität indes immer schwieriger auszumachen. Und so sinkt die Entdeckungsrate erheblich.

Die Erkenntnisse des wissenschaftlichen Grundkanons sind Basiserklärungen; die wirklich drängenden Fragen jedoch scheinen viel zu komplex für bisherige Methoden. Zwar werden immer wieder neue wissenschaftliche Studien veröffentlicht, doch deren Gültigkeit währt nie lange. Zentrale Aufgabe der Wissenschaft ist es, Zusammenhänge zwischen Merkmalen herauszufinden, die robust und gültig, also stark sind. Doch genau diese starken Zusammenhänge werden immer seltener entdeckt.

Forscher haben in einer ziemlich aufwendigen Untersuchung, in der sie die Ergebnisse von 44 Analysen verschiedenster Fachrichtungen untersuchten, die ihrerseits wiederum hunderte von Studien umfassten, erkennen können, dass ein konsequenter Rückgang der Gültigkeit stattfinden bzw. gemachte Ergebnisse entweder widerlegt oder relativiert werden. Wissen wird in einer immer schnelleren Rate zu Unwissen. Das heißt, dass die Erkenntnisse der jüngeren Vergangenheit im Wesentlichen relativ bedeutungslos sind – nicht vergleichbar mit den Jahrhundertentdeckungen, die die Menschheit vor den 1960er-Jahren noch gemacht hat. Es mangelt nicht an Versuchen, aber der Durchbruch gelingt selten. Die komplexen Probleme bleiben bislang noch ungelöst. Forscher geraten immer öfter an ihre Grenzen.

Außerdem steigt seit den 1920er-Jahren das Alter der an wichtigen Entdeckungen beteiligten Wissenschaftler. Forscher konnten in verschiedenen naturwissenschaftlicher Disziplinen erkennen, dass Wissenschaftler durchschnittlich immer älter werden, bevor sie eine innovative, nützliche wissenschaftliche Entdeckung machen oder eine andere sinnvolle Idee haben.

Tatsächlich: Wissenschaftler müssen immer länger forschen, um ihre höchste Leistungsfähigkeit zu erreichen. Der Produktivitätsgipfel hat sich allein im 20. Jahrhundert um durchschnittlich etwa fünf Jahre verzögert. Zwar existieren zwischen den einzelnen Disziplinen diesbezüglich Altersunterschiede, aber die sind nicht so groß wie innerhalb der Disziplinen. Die Binnenunterschiede darin, in welchem Alter durchschnittlich Durchbrüche gemacht werden, sind zwischen jungen und alteingesessenen Disziplinen besonders groß. In den alteingesessenen

Disziplinen, in denen man bisher viel entdeckt hat und der Wissensstand hoch ist, ist man älter, ehe man auf Erkenntnis stößt. Es braucht dort inzwischen eine komplette Forscherkarriere, um noch etwas Unbekanntes von Relevanz zu finden. Die menschliche Fähigkeit zur Forschung stößt an ihre biologischen (Alters-)Grenzen. Insgesamt droht, dass ein Menschenleben wohl nicht mehr genügt, um sich alles nötige Wissen für neue Entdeckungen anzueignen.

Dazu kommt noch die Tatsache, dass der Großteil aktueller wissenschaftlicher Produktion in Forscherteams geschieht. Einsame Originalgenies gibt es so nicht mehr, die aktuellen Forschungsgegenstände und Methoden sind inzwischen zu umfassend für nur einen Kopf. Forscher haben dies bewiesen, indem sie 19,9 Millionen Studien und 2,1 Millionen Patente danach auswerteten, wie viele Wissenschaftler daran beteiligt waren.

Resultat: Teamarbeit ist einer der entscheidenden Trends der modernen Forschung. Durchschnittlich erhöhte sich der Teamarbeitsanteil in den letzten 50 Jahren um 20 Prozent, am stärksten in der Biomedizin, wo Forschungsergebnisse zu fast 100 Prozent Teamarbeit sind. Insbesondere Spitzenleistungen sind Gruppenarbeit, wie eine Analyse der meistzitierten Studien zeigt. Wissenschaft wird immer schwieriger, weshalb der Mensch die Belastung auf mehrere Schultern verteilen muss. Finanzielle Ressourcen und Geisteskraft müssen kombiniert werden, um noch annähernd Interessantes an den Tag zu bringen.

Aber was tut man, wenn man an seine Grenzen stößt, aber davon lebt, Wissensgrenzen permanent zu erweitern? Man greift zu unlauteren Mitteln! Eine Zunahme von Betrugsfällen in der Wissenschaft könnte demnach ein deutliches Anzeichen dafür sein, dass Forscher immer öfter am Ende ihres Lateins angelangt sind.

Noch nie in der Geschichte der Wissenschaft wurden so viele fehlerhafte wissenschaftliche Arbeiten zurückgerufen. Seit 1975 hat sich die Rückrufrate verzehnfacht. Doch dabei handelt es sich nicht um unwissentliche Fehler. Nein, vielmehr waren die Ergebnisse in betrügerischer Absicht manipuliert worden. Forscher fanden heraus, dass Daten immer häufiger manipuliert, Messergebnisse gefälscht, Ergebnisse geschönt oder gar komplett erfunden wurden. Zu diesem Zweck wurden 2047 zurückgerufene Papiere der Biomedizin und Biowissenschaften analysiert. Das Ergebnis ist erschreckend: 75 Prozent aller rückgerufenen Studien waren betrügerisch manipuliert oder komplett gefälscht. Demnach nimmt das Fehlverhalten in der Wissenschaft kontinuierlich zu. Ausmaß und Tragweite können nur erahnt werden.

Quelle: Lennions, Michael. D./Möller, Anders P. (2002); *Relationship fade with time: A meta-analysis of temporal trends in publication in ecology and evolution*, in: *Proceedings of the Royal Society Biological Sciences* 269, S. 43–48.
Quelle: Arbesman, Samuel (2011); *Quantifying the Ease of Scientific Discovery*, in: *Scientometrics* 86, S. 245–250.
Quelle: Jones, Benjamin/Weinberg, Bruce A. (2011): *Age dynamics in scientific creativity*, in: *Proceedings of the National Academy of Sciences of the United States of America* 108, S. 1–31.
Fang, Ferric C./Steen, Grant/Casadevall, Arturo (2012): *Misconduct accounts for the majority of retracted scientific publications*, in: *Proceedings of the National Academy of Sciences*, DOI: 10.1073/pnas.1212247109.

Erkenntnisunfähig

Ausgerechnet für die Wissenschaft fehlt dem Mensch der Sinn.

Auch wenn das Wissen endlich scheint, die Unwissenheit ist es nicht. Denn der Mensch ist alles andere als wissenschaftsinteressiert und erkenntnisoffen. Eine Art eingebaute Brandmauer schützt unsere naiv-instinktiven Anschauungen vor harter Wissenschaft. Ein mentaler Schutz davor, das alte, vorwissenschaftliche Gedankengebäude zu modernisieren oder ganz abzureißen, um es durch geprüfte Gedankenkonstrukte zu ersetzen – die pure Ablehnung des Neuen. Das Phänomen, wonach der Mensch dazu neigt, animistische, telelogische Weltbilder auf ewig zu konservieren, konnte wissenschaftlich nachgewiesen werden.

150 Versuchsteilnehmern legten Forscher 200 Aussagen zweier Aussagetypen vor, mit der Bitte, deren Wahrheitsgehalt schnellstmöglich abzuschätzen. Der erste Aussagetyp ist wissenschaftlich korrekt und wird auch intuitiv als wahr empfunden (Stahl ist dichter als Schaum/Der Mond umkreist die Erde), der zweite Typ ist wissenschaftlich korrekt, aber widerspricht intuitiven Vorstellungen (Erhitzte Euro-Cent-Münzen sind dichter als kalte Euro-Cent-Münzen/Die Erde umkreist die Sonne).

Dabei zeigte sich, dass die Versuchspersonen große Mühe hatten, die Richtigkeit von Aussagen des zweiten Typs in der vorgegebenen Zeit zu beantworten. Außerdem wurden dabei mehr Fehler gemacht. Viele der wahren und auch bekannten Aussagen widersprachen noch immer ihrer Intuition. Immer noch, so die Wissenschaftler, löst diese Konfrontation weltanschauliche Schwierigkeiten aus. Offenbar kann der Mensch seine irrige Intuition nie verlernen, er muss sie immer aufs Neue unterdrücken. Ein absurdes Spannungsverhältnis zwischen den fundierten Erkenntnissen der Wissenschaft und naiv-intuitiven Vorstellungen. Man könnte dies auch als allgemeine Wissensbehinderung einstufen. Denn dieser Effekt sorgt dafür, dass, bevor überhaupt neues Wissen ankommt, alte Vorstellungen ständig »unterdrückt« werden müssen – sie zu ersetzen, so die Forscher, ist unmöglich. Der Mensch ist nicht für Erkenntnis gemacht, denn unser Kopf ist mehr Mausoleum als Labor.

Quelle: Shtulman, Andrew/Valcarcel, Joshua (2012): *Scientific knowledge suppresses but does not supplant earlier intuitions*, in: *Cognition* 124, S. 209–215.

Intelligenz nervt

Was uns halb klug macht, bereitet uns zusätzlich Sorgen, oder: Warum Denken traurig macht.

Wir gelten als intelligentes Leben. Darauf sind wir stolz. Übersehen wird dabei aber allzu leicht, dass Intelligenz nervt. All diese Grübeleien, Sorgen und Ängste … Intelligenz steht in direkter Verbindung mit übermäßigen Sorgen.

Denn, und das haben nun Forscher erkannt, Intelligenz hat sich zusammen mit dem »Sich-Sorgen-Machen«

entwickelt. Klingt schrecklich, ist aber so. Intelligenz, obwohl ziemlich lebensnotwendig, hat ihren Ursprung in einer geistigen Störung, die sich zufälligerweise als überlebensfördernd erwiesen hat. Intelligenz und Grübelei, beides geistige Funktionen, gehen eine Art Symbiose ein, oder krasser formuliert: Intelligenz ist ein Schmarotzer der Grübelei. In einem langwierigen und komplizierten, wechselseitigen Entwicklungsprozess hat wahrscheinlich das Grübeln die Rolle eines »Wirtes« gespielt. Krankhafte Besorgnis ist dann das, was unsere Spezies hat überleben lassen.

Forscher haben in aufwendigen Scans die Gehirne von gesunden Menschen und Menschen, die unter einer Angststörung leiden, verglichen. Dadurch wurde anschaulich, dass hohe Intelligenz und unzweckmäßige Besorgnis mit den gleichen Hirnaktivitäten verbunden sind: Beides steht in Verbindung mit dem Abbau des Nährstoffs Cholin in der subkortikalen weißen Substanz des Gehirns. Den Forschern zufolge deutet dies darauf hin, dass Intelligenz und Sorgen sich bei Menschen zusammen entwickelt haben. Denn egal wie nervtötend und lähmend wir frei flottierende Sorgen und Grübeleien empfinden, phobische Angst hat unserer Gattung wohl das Überleben gerettet.

Das exzessive Sich-Sorgen hat offenbar dabei geholfen, gefährliche Situationen zu vermeiden. Was uns heute als unnötiges Zittern, Herzrasen und innere Unruhe zur falschen Zeit bekannt ist, so die Forscher, war ursprünglich ein Überlebensmechanismus. Er sorgte in der Evolution dafür, dass unsere Vorfahren sich aufgrund übergroßer Sorgen nur wenig zugetraut haben. Böse und im gleichen Maße zwecklose Vorahnungen führten dazu, dass der Mensch damit zum größten »Feigling« unter allen Lebewesen wurde und überhaupt niemals ein wirkliches Risiko einging – was aber eine höhere Überlebensrate bedingte. Nicht mutige Fortschrittsoptimisten, sondern ängstliche Vermeider sind also unsere Vorfahren.

Den Forschern fiel auf, dass bei den 18 gesunden Probanden ihrer Studie mit hohen IQ-Werten ein geringerer Grad des Grübelns einherging. Bei den 26 Probanden mit den Symptomen einer generalisierten Angststörung war ein erhöhter Intelligenzquotient jedoch immer mit einem erhöhten Grad der Sorge verbunden. Große Intelligenz geht also entweder mit den geringsten oder höchsten Graden an Sorge einher, je nachdem, ob der Proband eine diagnostizierte Angststörung aufweist. Sowohl bei den angstgestörten Patienten als auch bei den gesunden Patienten konnten die Forscher außerdem messen, dass ein höherer IQ von einer Abnahme des Stoffwechsels in der weißen Substanz begleitet wird. Kombinierten die Forscher also die Daten der Angstgestörten mit der gesunden Kontrollgruppe, dann korrelieren niedrige Stoffwechselaktivitäten in der weißen Substanz sowohl mit höheren IQs als auch mit dem Sorgenmachen. Die Forscher sehen darin eine funktionelle neuro-evolutionäre Gemeinsamkeit sowohl für Intelligenz als auch den Grad, wie uns morgens die Sorgen grüßen und Intelligenz nervt.

Diese Ergebnisse sind ein erster Beweis dafür, dass sich Intelligenz ausgerechnet gemeinsam mit Angst entwickelt hat. Doch das ist nicht der einzige Hinweis darauf, dass das Leben wenig Spaß macht, wenn man klug ist.

Ein anderes Forscherteam konnte nachweisen, dass die Evolution dummerweise Depression beförderte. Ausgerechnet die genetischen Faktoren, die für ein funktionierendes Immunsystem verantwortlich sind, erhöhen auch das Depressionsrisiko. Dieselben Allele, so nennt man die Ausprägung von Genen, die unsere Vorfahren vor dem Infektionstod bewahrten, erklären unsere Anfälligkeit für Depression. Paradox aber wahr: Depressive Symptome, welche Erkrankten die völlige Sinnlosigkeit des Lebens vorführen (womit die Depression ja eigentlich auch recht hat, siehe das Kapitel *Absurdität der menschlichen Intelligenz*), lässt sie leichter überleben.

Wissenschaftler kamen dieser Gemeinheit der Natur auf die Spur, als sie entdeckten, dass Menschen mit schwerer Depression überdurchschnittlich häufig ein bestimmtes mutiertes Gen (Neuropeptid Y) besitzen. Diese Genveränderung steht in Verbindung mit einer verbesserten Immunabwehr, insbesondere in Bezug auf die Entzündungsreaktion. Damit bekämpft der Körper innere und äußere Gefahren. Die schmerzhaften Rötungen und Schwellungen verhindern beispielsweise die Ausbreitung von Viren oder unterstützen die schnelle Heilung von Verletzungen. Im Falle einer Infektion überleben Menschen mit dieser Genveränderung häufiger. Da eine gut funktionierende Immunabwehr überlebensfähiger macht, wurden im Verlauf der menschlichen Entwicklung genau diese Erbanlagen öfter weitergegeben. »Überlebenstüchtigkeit« und depressive »Lebensmüdigkeit« bilden quasi zwei Seiten derselben Medaille. Dies erklärt ganz nebenbei auch, warum die Depression nicht aus dem menschlichen Genom verschwunden ist. Es ist

sogar so, dass depressive Symptome an sich überlebens-
förderlich sind. Symptome wie Antriebslosigkeit und
Müdigkeit wirken sich vorteilhaft aus, weil der Körper
dann weniger Energie verliert. Zurückgezogenheit und
Mutlosigkeit, weitere Symptome der Volkskrankheit Depression, minimieren außerdem die Wahrscheinlichkeit,
zusätzlich mit Erregern möglicher Kontaktpersonen in-
fiziert zu werden. Ein ewiges menschliches Dilemma:
überlebensfähig, aber unwillig.

Quelle: Coplan, Jeremy D./Hodulik, Sarah/Mathew, Sanjay J./Mao, Xiang-
ling/Hof, Patrick R./Gorman, Jack M./Shungu, Dikoma C. (2012): *The relationship between intelligence and anxiety: an association with subcortical
white matter metabolism*, in: *Frontiers in Evolutionary Neuroscience* 3, S.1–7.
Raison, Charles L./Miller, Andrew H. (2012): *The evolutionary significance
of depression in Pathogen Host Defense (PATHOS-D)*, in: *Molecular Psychiatry*,
doi: 10.1038/mp.2012.2.

Schlaumeier-Organ

Vernunft dient nicht der Wahrheitsfindung, sondern der
Klugscheißerei.

Vernunft gilt als die Fähigkeit, die den Menschen einzigartig macht. Doch der Glaube an die Vernunft ist
eine Täuschung, mit der sich die Vernunft durch sich
selbst nachträglich rationalisiert. Und genau das ist die
Aufgabe der Vernunft, meinen Forscher. Das Gehirn erkennt nur selbstbestätigende Evidenz. Vernunft dient
nicht dazu, Erkenntnisse zu gewinnen, die wahr sind,
sondern dazu, Wahrheit so zu verdrehen, dass sie einem nutzt. Aus diesem Grund, so die Wissenschaftler,

sind unsere Denkfehler auch nicht durch den Prozess der Evolution verschwunden, etwa wie der vierbeinige Gang. Nur wichtige Funktionen bleiben bestehen. So, wie sich der Körper an die äußerliche Umwelt angepasst hat, tat dies auch der Geist in der kommunikativen Umwelt. Wichtigste Funktion: Überleben bzw. Besserwissen. Die Forscher vergleichen das mit der Funktion der Füße, die evolutionär gesehen eher zum Gehen als zum Rennen gemacht sind. Gehen ist demnach die Hauptfunktion der Füße. In diesem Sinne sind die im zweiten Hauptabschnitt des Buches gesammelten Dummheiten eigentlich keine Fehler, sondern das Kerngeschäft des Gehirns.

Die Forscher konnten dies beweisen, indem sie nicht die übliche Frage stellten, wie der Mensch denkt, sondern warum er denkt. Indem sie die Ergebnisse vieler psychologischer und sozialpsychologischer Studien in einer umfassenden Metaanalyse zusammenfassten, erkannten sie, dass nicht die Wahrheitsfindung, sondern die Rechthaberei primäre Funktion des Verstandes ist. Tatsächlich zeigen fast alle psychologischen Studien seit den 1960er-Jahren, dass Menschen Schwierigkeiten haben, einfache logische Aufgaben korrekt zu lösen, mit Wahrscheinlichkeiten umzugehen, sowie dazu neigen, quasi alles irrational zu verzerren. Gleichzeitig aber zeigen sie auch, dass der Mensch insbesondere in Diskussionen und Disputen besonders eifrig und genau fehlerhafte Argumente aufspürt und diese rational und objektiv bewerten kann. Wenn es um die Bewertung von Argumenten geht, ist der menschliche Geist also in seinem Element. Anders ist dies bei der Bildung von Argumenten. Verstand funktioniert *ex negativo*, aus der Verneinung und Kritik heraus, so die Forscher. Nur wenn der Mensch die Gedanken, Ideen oder Vorstellung eines anderen Menschen kritisiert oder bewertet, funktioniert der Verstand, wie er soll. Bei der individuellen Ideenentwicklung und beim Nachdenken hingegen schneidet er signifikant schlechter ab. Aus diesem Grund habe der menschliche Geist auch nur im Streit Sinnvolles vollbracht, und meist erst über viele Generationen hinweg, so die Wissenschaftler. Rationalität habe sich entwickelt, bloß um Streit zu gewinnen. Demnach müsste man das Gehirn eigentlich komplett neu denken, mehr als Besserwisserorgan und weniger als Denkorgan. Hauptfunktion des Besserwisserorgans ist das Klugscheißen; Talkshow-Power und Maschendrahtzaun-Turbo sozusagen?

Alle in Teil 2 aufgeführten Denkfehler haben sich also nur gehalten, um andere Menschen zu beeinflussen und für uns zu gewinnen. Der Verstand funktioniert kommunikativ: Er ist ein rein soziales Phänomen, das uns auch Vorteile bringt. Vorteile von der dunklen Seite der Macht. Es geht nicht um Wahrheit an sich, auch nicht um das Schöne und Gute, sondern immer nur darum, sich in der Gruppe durchzusetzen und Recht zu haben.

Quelle: Mercier, Hugo/Sperber, Dan (2011): *Why Do Humans Reason? Arguments for an Argumentative Theory*, in: *Behavioral and Brain Sciences 34*, S. 57–74.

Denkgeschwür

In einem kranken Körper steckt auch ein gesunder Geist.

Tatsächlich sorgt ein großer Geist für kranke Körper. Evolution ist eine Meisterin des faulen Kompromisses, denn sie hat den Menschen nicht nur mit einem halb klugen Denkapparat ausgestattet, sondern dies auch noch mit einem krebsanfälligen Körper erkauft.

Intelligenz geht mit ernstzunehmenden medizinischen Problemen einher. Zellen sterben und werden durch neue Zellen ersetzt. Diesen Prozess nennt man Apoptose. Er sorgt dafür, dass alte Zellen kontrolliert beseitigt werden, bevor sie mutieren und Tumore auslösen. So werden Zellen zügig aus dem Gewebeverband geworfen, ehe sie entarten und Schaden anrichten können.

Forscher entdeckten nun, dass sich dieser Prozess im Verlauf der menschlichen Entwicklung immer weiter verlangsamte. Dies wirkt sich nachteilig aus, weil eine derartig gedrosselte Apoptose das Krebsrisiko anhebt. Je langsamer die Apoptoserate, desto eher kommt es zu krankhaften Mutationen. Zudem vermuten die Forscher, dass wir ausgerechnet diesem Phänomen des entschleunigten Zellsterbens unser großes Gehirn zu verdanken haben. Kurz: Intelligenz steht in enger Verbindung mit Krebsleiden.

Die Forscher verglichen dazu in einer aufwendigen Analyse den Lebenszyklus von menschlichen Zellen mit denen von Schimpansen und Makaken. Der Vergleich zeigt, dass der programmierte Zelltod beim Menschen viel langsamer abläuft. Primaten leiden folglich sehr viel weniger unter krankhaften Tumoren als Menschen Auch auf Apoptose-auslösende Chemikalien reagieren menschliche Zellen deutlich schwächer als Primatenzellen.

Zugleich gibt es erste experimentelle Beweise dafür, dass der gebremste Abbau von Zellen mit dem Gehirnwachstum in Zusammenhang steht. Forscher schalteten bei Versuchsmäusen bestimmte, an der Apoptose beteiligte Proteine aus. Daraufhin wuchsen den Mäusen riesige Gehirne. Eine reduzierte Apoptose-Rate sorgt im Gehirn dafür, dass jeweils mehr Denkzellen entstehen als parallel absterben. Ein positiver Gesamtsaldo sorgt dann für große Hirne.

Bei Menschen ist die Differenz zwischen Zu- und Abbau von Neuronen dementsprechend geringer als bei anderen Tierarten. Die natürliche Selektion arbeitet also wie folgt: Reduziertes Zellsterben sorgt für ein größeres Gehirn. Die Größe des Gehirns korreliert mit Intelligenz. Intelligenz wiederum verbessert die Überlebensfähigkeit. Auf diese Weise überlebten vor allem diejenigen unter unseren Ahnen, bei denen das Zellsterben langsamer verlief. Wir sind die Nachkommen krebskranker Großhirne. Der erste Beweis dafür, dass zu einem großen Geist ein von Geschwüren geplagter Körper gehört.

Quelle: Arora, Gaurav/Mezencev, Roman/McDonald, John F. (2012): *Human Cells Display Reduced Apoptotic Function Relative to Chimpanzee Cells*, in: *PLoS ONE* 7, S. e46182.

Absurdität menschlicher Existenz

Der Mensch glaubt, er sei etwas Besonderes, doch das Universum ist indifferent.

Wie wahrscheinlich ist es überhaupt, dass Sie, lieber Leser, dieses Buch lesen können? Wie stehen die Chancen für die Existenz einer bestimmten, individuellen Person – beispielsweise Sie selbst? Wie viel Wunder steckt darin, dass Sie Sie sind? Die Wahrscheinlichkeit des Werdens bzw. der Geworfenheit in die Welt?

Die dahinterliegende Kalkulation ist eigentlich ganz einfach. Zunächst berechnet der Wissenschaftler die Wahrscheinlichkeit, dass sich zwei Menschen unterschiedlichen Geschlechts genau im richtigen Alter treffen. Sie liegt bei 1:20 000.

Die Chance, dass diese beiden Menschen auch miteinander reden, liegt bei 1:10, die gegenseitige Beziehungsbereitschaft ebenfalls. Das daraus auch Nachwuchs entsteht, ist 1:2 – macht dann 1:2000.

Jedes Spermium und jede Eizelle sind einzigartig. Treffen Spermien während eines Geschlechtsakts aufeinander, dann beträgt die Wahrscheinlichkeit dafür circa $1:4\,000\,000\,000\,000 = 10^{264}$, dass es genau die beiden sind, die Ihre unverwechselbare Persönlichkeit ausmachen.

Dazu kommt aber noch die unglaublich lange Kette erfolgreicher Fortpflanzungen der jeweiligen menschlichen Vorfahren, die drei Millionen Jahre zurückreicht. Geht man davon aus, dass das circa 150 000 Vorgängergenerationen sind und die Überlebenswahrscheinlichkeit der Nachkommen grob fifty-fifty ist, dann liegt die Wahrscheinlichkeit einer ungebrochenen Fortpflanzungslinie bis hin zu einem bestimmten Individuum bei $1:2^{150\,000}$ beziehungsweise $1:10^{45\,000}$.

Die addierte Summe der Wahrscheinlichkeiten ($20\,000$ x 2000 x $10^{45\,000}$ π $10^{2\,640\,000}$) ergibt dann eine Wahrscheinlichkeit von $1:10^{2\,685\,000}$.

Nur einer von $10^{2\,685\,000}$ Menschen ist also genau wie Sie. Eine unermessliche Chance, wenn man bedenkt, dass das gesamte Universum aus »nur« 10^{80} Atomen besteht. Das ist insgesamt so unwahrscheinlich, dass es quasi fast unmöglich ist. Man ist also selbst nur ein ehrfurchterregend-absurder Zufall, den der kosmische Zufall gewählt hat – *survival of the luckiest*. Letztendlich ist die menschliche Existenz nicht mehr als eine Art Unfall, oder besser – ein Witz.

Quelle: Binzar, Ali (2011): *What are the chances of your coming into being?*, in: https://blogs.law.harvard.edu/abinazir/2011/06/15/what-are-chances-you-would-be-born/, 22.06.2012.

Rote Liste gefährdeter Arten

Die Menschheit ist vom Aussterben bedroht.

Die Chance auf unser Leben ist buchstäblich astronomisch klein (siehe Kapitel *Absurdität menschlicher Existenz*). Noch viel astronomischer wäre der Komplettverlust allen menschlichen Lebens. Und tatsächlich, auch die Menschen sind im Prinzip eine aussterbende Art. Wissenschaftler errechneten sogar, wie wahrscheinlich es ist, dass auch der Mensch einmal zu den 500 Millionen Tierarten gehört, die bereits von der Erde verschwunden sind.

Unter einer existenziellen Katastrophe verstehen Forscher das vorzeitige Aussterben der Menschen oder die dauerhafte und drastische Zerstörung ihres Entwicklungspotenzials – das Aussterben der Menschheit, zukünftiger Generationen sowie aller Nachkommen des *Homo sapiens*. Eine solche Katastrophe würde den Verlust von 10^{18} Menschenleben bzw. 10^{54} subjektiven Lebensjahren kosten. Das übertrifft alles bisher Bekannte – die Summe aller menschlichen Ängste.

Die Betrachtung eines derlei existentiellen Risikos ist ein relativ neues Phänomen. Die Menschheit kennt noch keine Mechanismen, weder biologisch noch kulturell, solche existenzbedrohenden Gefahren zu bewältigen. Es gibt keine Institutionen, moralische Normen, soziale Einstellungen, um eine derartige Gefahr des Menschensterbens zu bearbeiten. Das liegt nach Meinung der Forscher vor allem daran, dass es dabei logischerweise kein Lernen durch Irrtum geben kann und es sich bei Gegenmaßnahmen um globale öffentliche Güter handelt, die vom Markt unterversorgt werden. Existentielle Risiken lösen die Aktivitäten aus, von denen wir nicht mehr lernen können. Das erste Mal ist automatisch auch das letzte Mal. Der von der Menschheit bisher bevorzugte, reaktive Ansatz funktioniert hier nicht. Der Mensch kann in diesem Falle nicht erst nachher denken, wie er es sonst gerne tut.

Andere schreckliche Ereignisse des vergangenen Jahrhunderts haben bevölkerungsstatistisch nur kleine Dellen verursacht. Sie haben die durchschnittlichen Lebensbedingungen kurzzeitig verschlechtert, nicht aber die menschliche Zukunft zerstört.

Und die Wahrscheinlichkeit einer existenziellen Katastrophe in den kommenden Jahrhunderten ist hoch. Wie stehen die Chancen, dass unser Narrenschiff kentert? Die Wissenschaftler schätzen eine Wahrscheinlichkeit von 10–20 Prozent. Da es sich aber um eine finale Katastrophe handelt, wären auch kleinere Wahrscheinlichkeiten praktisch signifikant.

Nur ist das dem Menschen nicht klar, so die Forscher. Ihm fehlt der Sinn dafür. Der Fakt, dass der Mensch Jahrtausende lang überlebt hat, lässt vergessen, dass es eben doch passieren kann. Anders als einer Bedrohung durch Naturkatastrophen wie Supernovas oder Asteroiden-Einschläge geht es hier im Wesentlichen um menschengemachte Risiken. Der Mensch selbst ist die Macht, die es mit den großen Gewalten der Natur aufnehmen kann, auch mit sich selbst. Menschengemachte Risiken machen den Löwenanteil der Wahrscheinlichkeit aus – Hochkultur bringt uns das Verderben. Die Menschheit entwickelt laufend neue Techniken, für die es keine Erfahrungsgeschichte oder Anwenderberichte gibt (im Großen das, was *Wirkungsgrad der Dummheit* im Kleinen bedeutet). Menschliche Aktivitäten bringen immer größere und existentiellere Gefahren hervor, die uns mit potentiellen, nicht-intendierten negativen Folgewirkungen bedrohen.

Eine dieser Gefahren besteht darin, dass sich selbstständig mit Energie und Rohstoffen versorgende, mit eigenem Bauplan ausgestattete, selbstreproduzierende Nanopartikel (Graue-Schmiere-Szenario) die komplette

Biosphäre zerstören. Ebenso möglich ist das Szenario eines globalen, durch Überwachungstechnik und Gedankenkontrolle gestützten autoritären Regimes. Fehlerhafte kybernetische Organismen, eine alles kontrollierende künstliche Superintelligenz, physikalische und biotechnologische Entdeckungen, die irreparable, nicht intendierte Folgewirkungen haben (ähnlich wie die Entdeckung der Atombombe oder die Genese eines Killervirus) – all das zählt zu den menschengemachten Risiken. Globale Pandemien wie Aids, kosmische Unglücke wie ein Asteroideneinschlag, unkontrollierbare Erderwärmung, das Versiegen von lebenswichtigen Primärrohstoffen wie Phosphor (für die Bildung von DNS unerlässlich), evolutionäre Fehlentwicklungen wie die menschliche Degeneration (Dysgenic) in eine extrem fruchtbare, aber weniger intelligente Spezies (*homo philoprogentius*), wurden ebenfalls mitkalkuliert, wobei die meisten Faktoren der Gleichung unbekannt sind.

Trotz der Unsicherheiten der einzelnen Faktoren, ist die 10–20-prozentige Auslöschungswahrscheinlichkeit doch eine gute Hausnummer. Sie bezieht sich nicht auf die theoretisch mögliche Anzahl von Risiken, sondern auf die praktische Möglichkeit ihres Eintretens. Letztendlich ist die angegebene Wahrscheinlichkeit allerdings spekulativ, da es noch keine wissenschaftliche Methode gibt, das Risiko wirklich zu erforschen. Aber »Zukunft« ist ein übertriebener Begriff. Gerade vor dem Hintergrund, dass rund 99 Prozent allen Lebens, das je auf Erden existiert hat, bereits ausgestorben oder ausgerottet wurde.

Doch wer hört schon gerne Dystonien? Die Forscher

erklären die Ausrottung der Menschheit zu einem Paradoxon: Der Gedanke, es gäbe ein existentielles Risiko, in Kombination mit unseren historischen Erfahrungen, die das Gegenteil nahelegen, ist paradox und deutet darauf hin, dass unser Verständnis entweder fehlerhaft oder unvollständig ist.

Quelle: Bostrom, Nick (2000): *Existential Risks: Analyzing Human Extinction Scenarios and Related Hazards*, in: *Yale Department of Philosophy Working Paper*, S. 1–45.

Der Die-Schöne-und-das-Biest-Effekt

Die Natur hat in Schönheitsdingen eine seltsame Quotenregelung.

Menschen sehen immer noch so aus wie Höhlenmenschen – zumindest wenn es sich um einen Mann handelt. Es gibt erste, genetische Hinweise darauf, dass Frauen mit jeder Generation schöner werden, während Männer optisch im Wesentlichen, etwas überspitzt formuliert, konstant Urmenschästhetik besitzen.

Die Forschung hat es offenbart: Sehr hübsche Frauen und hübsche Frauen haben 16 Prozent mehr Kinder als weniger hübsche Frauen. Und Paare, die sehr attraktiv sind, haben, anders als der Rest der Bevölkerung (44 Prozent), eine 52-prozentige Chance auf Nachwuchs. Diese Kinder sind dann auch überproportional häufig Mädchen, die wiederum ebenfalls dazu neigen, um einiges attraktiver zu sein als der Durchschnitt. Weibliche Schönheit ist also eine besonders leicht vererbbare Eigenschaft. In der Summe werden Frauen in einem generationsübergreifenden Loop immer attraktiver, Männer aber nicht. Eine Art kollektiver Schöne-und-das-Biest-Effekt sozusagen.

Die Forscher ergründeten diesen Zusammenhang zwischen physischer Attraktivität und reproduktivem Erfolg, indem sie den Fortpflanzungserfolg an 1956 Männern und Frauen überprüften, von denen man subjektive Attraktivitätswerte kannte. Aber auch Daten zur objektiven Schönheit (hier wird zum Beispiel Symmetrie gemessen) kamen zum Einsatz.

Ergebnis: Eine schönheitsbezogene Kluft zwischen den Geschlechtern nimmt zu. Das Verhältnis der Geschlechter bei Geburt variiert leicht mit der Schönheit der Mutter. Eine auf lange Sicht ziemlich dumme Situation.

Quelle: Kanazawa, Satoshi (2007): *Beautiful parents have more daughters: A further implication of the generalized Trivers–Willard hypothesis (gTWH)*, in: *Journal of Theoretical Biology* 244, S. 133–140.
Quelle: Jokela, Markus (2009): *Physical attractiveness and reproductive success in humans: Evidence from the late 20th century United States*, in: *Evolution and Human Behavior* 30, S. 342–350.

Midlife-Crisis Forever

Die Midlife Crisis ist die Quintessenz menschlicher Existenz.

Das Besondere am Menschenleben ist die Krise – die Midlife-Crisis. Der Mensch fristet den größten Teil seines Lebens im Zustand eines Halb-In-Schuss-Gehaltenen. Nicht mehr ganz jung, aber auch noch nicht alt; das

Dazwischen charakterisiert den Menschen. Falten, die uns unsere Dummheit (worüber man im Nachhinein immer die Stirne runzelt) zugefügt hat, sind die sichtbarsten Marker dieses Abschnittes der Lebensspanne und im gesamten Tierreich wahrscheinlich ein uns im besonderen Maße auszeichnendes Merkmal. Denn dieses Altersmuster ist einzigartig in der Natur – kaum eine andere Lebensform hört in der Mitte der Lebenszeit so plötzlich damit auf, sich zu reproduzieren. Die Evolution dessen, was wir mittleres Alter nennen, macht uns einzigartig – kein anderes Lebewesen muss in diesem Lebensmodus weitere zwei Jahrzehnte oder länger überleben.

Aber warum? Die mittlere Altersphase ist das Ergebnis einer sozialen Ko-Evolution.

Forscher untersuchten für den Zeitraum von 100 Tagen, inwiefern noch heute urtümlich lebende Stämme, nämlich die Ache in Ost-Paraguay sowie die Hiwi in Venezuela, als soziale, wirtschaftliche und reproduktive Einheiten funktionieren und wie groß die Hilfestellung nicht mehr fortpflanzungsrelevanter Helfer darin ist. Als Datengrundlage diente eine quantitative Analyse des Lebensmitteltransfers bzw. die gemeinsame Nutzung von Lebensmitteln innerhalb dieser Stämme unter Berücksichtigung der Altersstruktur.

Dabei erkannten die Forscher, dass vor allem mittelalte Stammesmitglieder, die keine eigenen Kinder mehr aufziehen, Lebensmittel an Familien mit versorgungstechnischen Engpässen abgeben, ohne später dafür entlohnt zu werden. Sie sind Helfer statt Partner. Die Produktions- und Konsummuster für die Ache und Hiwi zeigen, dass Mittelalte junge nicht-verwandte Männer subventionieren. Eine statistische Analyse zeigte, dass durchschnitt-lich 2000 Kalorien an junge Familien verteilt wurden, die nicht zur eigenen Familie des Spenders gehörten. Aufgrund dieser Beobachtungen schlossen die Forscher auf ein entwicklungsgeschichtliches Muster der menschlichen Gattung – das mittlere Alter. Denn das aufgedeckte kooperative Zuchtsystem, in dem Ressourcen zwischen den Altersklassen umverteilt werden, ist davon abhängig, dass Menschen eine zusätzliche lange Lebensphase haben, in denen sie sich selbst nicht mehr fortpflanzen und auch sonst nicht unnötig Energie verschwenden.

Die eigentliche menschliche Gestalt ist also die einer aufgetakelten älteren Frau oder eines alten Mannes mit Porsche in der Midlife-Crisis. Ein Leben als nicht mehr für die Fortpflanzung zuständiger Versorger – Hotel-Mama sozusagen. Und auch unsere Vorfahren haben in den letzten 100 000 Jahren wohl regelmäßig ein Alter von über 40 Jahren erreicht. Die Vorstellung, unsere Vorfahren seien sehr jung gestorben, resultiert aus der hohen Kindersterblichkeit, die als Extremwert den statistischen Durchschnitt erheblich verzerrt. Neueste Skelettfunde aber beweisen, dass auch Jäger und Sammler weit über 40 Jahre alt wurden. Und genau diese lange Lebenszeit, so Forscher, hatte deutliche Auswirkungen. Denn die Menschen waren in der Lage, als Hilfsarbeiter den Erfolg ihrer Nachkommen zu fördern. Ein Vorteil, den andere Tiere nicht haben. Über Jahrtausende hinweg hat die Evolution diejenigen bevorzugt, die nicht nur ihre eigenen Kinder bis zum reproduktiven Alter füttern konnten, sondern auch die ihrer Nachbarn.

Besonders markant zeichnet sich dies bei Frauen

ab, die nach ihrer fruchtbaren Phase ihre wohlgeformten Brüste, Hüften und Oberschenkel einbüßen, weil sie nicht mehr gebären und deshalb nicht mehr attraktiv sein bzw. keine Nachkommen mehr aus prallem Busen versorgen müssen. In keiner anderen Lebensform gibt es eine weibliche Menopause. Das mittlere Alter ist also kein Endpunkt, sondern nur eine unattraktive, auf Effizienz und Überleben ausgelegte halbe Ewigkeit. Dieser Abschnitt ist wie eine zweite Geburt, wie beim hässlichen Entchen – nur eben umgekehrt. Das mittlere Alter ist eine neue, etwas »graue« Lebensform.

Positiv gewendet könnte man sagen, dass genau dies uns zum wohl beeindruckendsten Lebewesen macht, das die natürliche Selektion hervorgebracht hat.

Diese Altersphase ist auch die biologische Grundfeste unserer modernen, hochtechnisierten Zivilisation. An den älteren Menschen hängt das ganze menschliche Wissen, die menschliche Kultur. Sie bieten neben Nahrung eine breite Palette anderer Dienstleistungen. Dazu zählen die Hilfe beim Putzen, Lagern, Bauen, Verleihen von Werkzeugen, Transport, Gesundheitspflege und Informationen. Den Forschern zufolge sind Menschen mittleren Alters elementar wichtig für die menschliche Zivilisation. Sie bieten die zwei Säulen unserer Welt – selbstloses Versorgen und Kulturweitergabe. Der Mensch erkauft mit Weitsichtigkeit und faltiger Haut die Zivilisation.

So sind Menschen mittleren Alters eine angegraute Elitekaste von qualifizierten, erfahrenen Superanbietern, von denen der junge Teil der Bevölkerung abhängt – unter ihrem Tisch die Beine der gesamten Nachkommenschaft. Ist nur halt Mist, so mittelalt herumzulaufen, gerade in unserer sexualisierten und jugendfixierten Welt.

Quelle: Hill, Kim/Hurtado, Magdalena A. (2009): *Cooperative breeding in South American hunter-gatherers*, in: *Proceedings of the Royal Society*, S. 1–8.

2 Die Dummheit des Einzelnen

Wie anormal dumm kann der Normalfall sein? Der menschliche Geist ist kein Denkbergwerk, sondern eher ein Denksandkasten. Er hängt am Gängelband der Dummheit, ist ein täglicher Henker der Intelligenz. Ein Standortvorteil ist das Menschsein nicht immer. »Dumm« ist ein Spektrum, auf dem jeder von uns zu finden ist. Wir geben uns stets schlau, dabei ist alles nur eine Köpenickiade.

Verinnerung

Die Erinnerung ist kein Safe zur sicheren Verwahrung von Gedanken.

Menschen konstruieren ihre Erinnerungen. Der Mensch passt seine Erinnerungen permanent und unbewusst an die aktuelle Situation, die Umgebung und die verfügbaren Informationen an. Man kann sich auf sein eigenes Gedächtnis eigentlich nicht verlassen, denn es ist nicht zuverlässig. Krasser formuliert: Statt sich zu erinnern, »verinnert« man sich.

Das dazugehörige Experiment sah vor, 45 Versuchsteilnehmern insgesamt sieben kurze Videoaufnahmen von Autounfällen zu zeigen. Alle Probanden sahen dieselben Videos. Nach jedem Video wurden die Probanden in Gruppen unterteilt. Jeder Gruppe wurde zu jedem der sieben Videos dieselbe Frage gestellt, nur jeweils in anderem Wortlaut. Die Frage lautete: »Wie schnell waren die Autos, als sie aufeinanderschmetterten/miteinander kollidierten/aufeinanderprallten/aufeinandertrafen/ Kontakt hatten? Die Testpersonen antworteten unterschiedlich: 65/63/61/55/51 km/h. Unterschiede in der Formulierung veränderten die Erinnerungsinhalte um bis zu 16 km/h. Je krasser die Formulierung der Frage, desto schneller das Auto.

Außerdem zeigte man weiteren 150 Teilnehmern in einem zweiten Versuch diesmal nur ein Video, aber mit denselben Fragstellungen eine Woche später und dem Zusatz, ob sie sich auch an Glasscherben erinnern könnten. Obwohl in dem Video keine Glasscherben zu sehen waren, erinnerte sich die Gruppe doppelt so häufig daran, wenn von »Zerschellen« des Autos die Rede war. Interessanterweise reicht die Formulierung aus, um die tatsächliche Begebenheit in der Erinnerung umzuschreiben. Was wir »Gedächtnis« nennen, ist zu einem großen Teil ausgedacht.

Quelle: Loftus, Elizabeth F./Palmer, John C. (1974): *Reconstruction of automobile destruction: An example of the interaction between language and memory*, in: *Journal of Verbal Learning and Verbal Behaviour 13*, S. 585–589.

Die Einfachheit der Gehirnwäsche

Ein Waschlappen reicht aus.

Gehirnwäsche funktioniert ganz ohne harten, folterer-
probten Manipulator – ein Waschlappen bzw. Wasser und Seife reichen. Damit lassen sich psychologische
Rückstände und die eigene Vergangenheit leicht hinfort-
waschen.

Forscher konnten dies nachweisen, indem sie 147 Versuchspersonen zu einem experimentellen Glücksspiel
einluden. Sie erhielten jeweils 100 US-Dollar, um damit
zu zocken. Der Spielverlauf war so fingiert, dass die eine
Hälfte der Probanden eine Siegessträhne, die andere
Hälfte eine Pechsträhne durchlief. Anschließend sollten die Probanden die Waschleistung einer neuen Seife,
»Life™ antiseptic wipe«, testen. Ein Teil der Probanden
untersuchte nur die Verpackung, der andere Teil wusch
sich damit wirklich die Hände. Anschließend sollten sie
wieder in einer weiteren Glücksspielrunde um Geld wet-
ten.

Das Ergebnis zeigt den Gehirnwäscheeffekt einer Hand-
wäsche recht eindrucksvoll. Bei denen, die die Seife nur
äußerlich beurteilten, investierten die, die zuvor eine Ge-
winnsträhne hatten, deutlich mehr als diejenigen, die zuvor eine Pechsträhne hatten – so wie Menschen normalerweise reagieren. Diejenigen, die die Seife tatsächlich
benutzten und zuvor eine Glückssträhne hatten, ver-
zichteten jedoch darauf, in der neuen Runde mehr Geld
zu setzen. Bei den Verlierern war es genau andersherum. Der Einfluss von Glück und Pech war in der Hand-

wäschegruppe eliminiert. Der bisherige Spielverlauf bzw. die Erfolgsquote spielte keine Rolle mehr. Die Versuchsteilnehmer der Händewaschgruppe handelten so, als hätten sie die erste Runde des Spiels übersprungen.

In einer weiteren Studie befragte man 56 Teilnehmer nach Stationen in ihrem Leben, bei denen sie entweder Glück (Gruppe eins) oder Pech (Gruppe zwei) hatten. Auf diese Weise versetzte man die Probanden in ein Gefühl, Glück zu haben oder eben nicht. Wieder bat man hinterher darum, eine neue Seife zu beurteilen. Wieder war es jeweils nur die Hälfte der Probanden, die die Seife tatsächlich benutzten. Schließlich nahmen alle Probanden an einer kleinen Simulation teil. In der fiktiven Rolle eines Vorstandsmitglieds sollten sie über die Entwicklung und Einführung eines neuen Produkts entscheiden. Zwei Optionen standen zur Auswahl. Option eins sah risikofreies »business as usual« bzw. den Verzicht auf die Neuproduktentwicklung vor. Option zwei sah eine Produkteinführung vor, die zwar erhebliche Gewinnsteigerungsmöglichkeiten bieten konnte, aber auch eine 25-prozentige Wahrscheinlichkeit eines Gewinnrückgangs beinhaltete.

Tatsächlich beeinflusste das Händewaschen effektiv die Risikobereitschaft. Ohne vorherige Handreinigung wählten 77 Prozent derer, die sich glücklich schätzten, die riskantere Option zwei, während dies nur 36 Prozent derjenigen taten, die sich unglücklich schätzten. Mit vorheriger Handreinigung jedoch wählten 73 Prozent derer, die sich unglücklich schätzten, die riskante Option zwei, während dies nur noch 35 Prozent derer taten, die sich glücklich wähnten.

Unsere Psyche ist demnach nicht ganz »wasserdicht«. Wenn wir uns waschen, entfernen wir nicht nur Schmutz und Schadstoffe, sondern waschen auch unser Gehirn. Die Wissenschaftler vermuten dahinter den in Kapitel *Ohne Ekel keine Moral* beschriebenen stammesgeschichtlichen Effekt. Demnach dämpft das Waschen der Hände Ekel, was wiederum abstraktes, metaphorisches Denken über das Entfernen von Rückständen vergangener Handlungen aktiviert – man wäscht sich aus Versehen sein Hirn.

Quelle: Xu, Alison Jing/Zwick, Rami/Schwarz, Norbert (2012): Washing away your (good or bad) luck: *Physical cleansing affects risk-taking behavior*, in: *Journal of Experimental Psychology* 141, S. 26–30.

Inception im wahren Leben

Dem Menschen lassen sich ziemlich einfach Erinnerungen implantieren.

Der menschliche Geist ist so schwach, dass man ihm sogar neue Erinnerungen einpflanzen kann, ohne dass er dies jemals bemerkt. Man kann das Gedächtnis zu einer bestimmten Überzeugung kommen lassen. Erinnerungen werden vom Erinnernden gleichzeitig erschaffen und wahrgenommen (siehe *Verinnerung*). Blöd halt, wenn man daran glaubt, die eigenen Erinnerungen seien für andere »verschlossen«. Das Gedächtnis ist kein sicherer Safe. Darin gespeicherte Erinnerungen können ohne weiteres verändert werden. Was bleibt uns denn mehr als die eigene Erinnerung? Sie bestimmt unsere Identität, oder etwa doch nicht? Tatsächlich ist unser Gedächtnis formbar wie Knetmasse.

Unter experimentellen Bedingungen konnten Forscher Versuchspersonen falsche Erinnerungen »implantieren«. Das künstliche Einpflanzen der Erinnerungen funktioniert folgendermaßen: Die Forscher baten insgesamt 159 Versuchspersonen darum, einen Fragebogen zu Ereignissen ihrer frühen Kindheit auszufüllen. Fragen, die nur sie richtig beantworten konnten, etwa ob sich die Probanden an eine Situation erinnerten, in der sie »von einem Schläger belästigt wurden« oder »auf einem öffentlichen Platz für mehr als eine Stunde verloren gegangen sind«. Nur 72 Versuchspersonen konnten sich daran nicht erinnern. Diese 72 wurden von den Versuchsleitern anschließend in zwei Gruppen aufgeteilt.

Die Hälfte der Teilnehmer unterzogen die Forscher zwei Wochen später einzeln einer fingierten Traumdeutungstherapie. Man sagte ihnen, es handle sich um eine unabhängige Studie, in der ein Traumdeutungsexperte in einer dreißigminütigen Sitzung zwei ihrer Träume interpretieren würde. Ziel war allerdings nicht die tiefenpsychologische Deutung von Trauminhalten. In Wirklichkeit handelte es sich um den zweiten Teil derselben Studie. Egal welche Traumbilder und -geschehnisse die Probanden berichteten, der Experte lieferte stets eine von zwei ultimativen Deutungen – das »Implantat« sozusagen. Entweder sei der Proband als Kind gemobbt worden oder auf einem öffentlichen Platz verloren gegangen. Hinter dem Experten versteckte sich kein klinischer Psychologe, sondern ein Assistent der Forscher.

Nach circa einer Woche bat man die Probanden erneut darum, denselben Fragebogen zu ihrer Kindheit zu beantworten, angeblich um die Zuverlässigkeit der Antworten des ersten Fragebogens zu testen.

Das Mindfuck-Ergebnis: Tatsächlich berichtete die Traumdeutungsgruppe detailgenau von Mobbing- und Verlusterfahrungen, obwohl sie sich im ersten Fragebogen ziemlich sicher waren, derlei Ereignisse nie erlebt zu haben. Die Forscher eröffneten den Probanden ebenfalls die Möglichkeit, offen über diese Kindheitserfahrungen zu berichten. Und tatsächlich ergänzten acht Probanden vitale autobiographische Geschichten.

Der menschliche Geist besitzt keine Antikörper, die eine geistige Immunabwehr gegen falsche Abschnitte der eigenen (!) Lebensgeschichte einleiten könnten. Die Traumdeutungsgruppe hatte in Folge der »Traumarbeit« ihre Überzeugungen geändert und falsche Erinnerungen erzeugt. Real life *Inception*!

In einer weiteren Studie befragte man Versuchsteilnehmer nach konkreten Kindheitserinnerungen. Die Versuchsteilnehmer wurden daraufhin im Abstand von jeweils 10 Wochen immer wieder nach diesen konkreten Erlebnissen befragt. Und obwohl sich viele Probanden in der ersten Fragerunde noch sicher waren, nichts dergleichen erlebt zu haben, war schon jeder vierte bereits nach der zweiten Befragungsrunde sicher, sich an genannte Ereignisse zu erinnern. Die Informationen stammen dann nicht mehr aus dem Gedächtnis, sondern vom Fragebogen – simple Wiederholung genügt, um den Probanden eine neue Teilbiographie zu geben. Die Versuchsteilnehmer verwechselten dabei die Quellen – *Inception* geglückt! Wenn es stimmt, dass ein Mensch, der sein Gedächtnis verliert, auch seine Identität verliert, dann hat hier durch Gedächtnisveränderung auch eine Identitätsverschiebung stattgefunden.

Auf der einen Seite ist der Mensch nicht besonders aufnahmebereit für die Gedanken anderer (siehe *Informationsfilter*), auf der anderen Seite lässt er sich Gedanken einpflanzen, ohne es zu merken.

Quelle: Mazzoni, Giuliana A. L./Loftus, Elizabeth F./Seitz, Aaron/Lynn, Steven J. (1999): *Changing beliefs and memories through dream interpretation*, in: *Applied Cognitive Psychology*, 13(2), S. 125–144.

Der menschliche Kopierer

Der Guttenberg-Effekt steckt in uns allen.

Der Mensch ist ein Kopierer. Er kopiert ständig und unabsichtlich, insbesondere Gedanken und Gedächtnisinhalte. Wir haben den Kopf voller Erinnerungen oder Ideen, von denen wir glauben, sie seien unsere eigenen. In Wirklichkeit gehören sie aber jemand anderem. In einer Gesellschaft, die Originalität über alles schätzt und deshalb vernichtende Patentschlachten führt, ist dies eine ziemlich paradoxe Demütigung.

Wir können noch nicht mal nicht plagiieren. Forscher nennen dieses Phänomen »unbeabsichtigte Plagiate« und wiesen es in einer erstaunlichen Reihe von experimentellen Studien nach.

Versuchspersonen sollten beispielsweise in Paaren neue Arten von Vögeln benennen. Etwas später wurden sie einzeln darum gebeten, zu identifizieren, welche der Namen jeweils von ihnen persönlich stammten. Ganz klar – alle glaubten an die eigene Originalität. Das dahinterliegende Phänomen lässt sich einfach erklären. Die einzelnen Lösungen werden zunächst vergessen. Der spätere Prozess des Erinnerns ist anstrengend. Das zu Erinnernde wird nämlich geistig auf ähnlich anstrengende Weise rekapituliert, wie sich etwas Neues und Originelles auszudenken. Woraufhin eine Verwechslung eintritt, die glauben macht, man sei selbst Urheber. Resultat: unbeabsichtigtes Plagiat. Das nennt man dann Kryptomnesia.Als Hinweis darauf, ob etwas unseren eigenen Gedanken entsprungen ist, nehmen wir in der Regel die Mühe, die uns die Überlegung machte, als Anhaltspunkt. Und genau hier setzte ein weiteres Forscherteam an.

In einer Studie lösten 52 Probanden in Zweiergruppen 180 Annagramme, wobei sie sich abwechselten. Löst der Partner, wird die Lösung auch auf dem Bildschirm des anderen sichtbar. Die eine Gruppe bekam die vom jeweiligen Partner gelösten Annagramme entweder in besonders schwer lesbarer Schrift präsentiert oder musste gleichzeitig auf Anweisung fest einen Gummiball drücken. Die Lösung wurde ihnen dann in normal lesbarer Schrift präsentiert bzw. sie durften den Ball wieder loslassen. Auf diese Weise induzierten die Forscher Anstrengung, wo keine war. Ohne wirklich eine Aufgabe lösen zu müssen, erzeugten diese beiden Methoden bei den Probanden Mühe. Im Anschluss mussten beide Gruppen angeben, welcher Partner welche Aufgabe gelöst hatte. Das Ergebnis ist eindeutig: Die Gruppe der man künstlich Mühe bereitete, war deutlich öfter der falschen Meinung, die Aufgaben des Partners gelöst zu haben, etwa in ca. 25 Prozent der Fälle – immer dann, wenn die Lösung schlecht lesbar war oder der Ball gedrückt werden musste. Die durch die Forscher künstlich simulierte Mühe wurde von den Probanden falsch zugeordnet. Das dadurch evozierte Muster entspricht dem Aufwand echter Autorenschaft. Das Experiment zeigt auch, dass dieser Effekt wirkt, obwohl die körperliche Anstrengung durch das Drücken des Balls nichts mit geistiger Anstrengung zu tun hat. Bei der anderen Gruppe unterschied sich das jeweilige Testpaar nicht.

Der Geistesblitz nach längerer Lösungssuche ist also sehr wahrscheinlich der Versuch des Gehirns, Arbeit vorzutäuschen, was bedauerlicherweise dazu führt, dass man unbeabsichtigt plagiiert. Am Ende gibt man lediglich wieder, was man zuvor woanders las.

Aus Perspektive des Menschen ist es damit sehr viel härter, Plagiate zu vermeiden, als Originale zu ersinnen und zu erschaffen. Man kopiert, bis man zufällig eine unbekannte Kombination erwischt, die dann als Originalwerk gelten kann. Kultur ist damit Plagiatvermeidung. Es gibt kein »Le génie pour le génie«. Die Forscher konnten damit quasi nachweisen, dass wir gar nicht sicher wissen können, wann wir wirklich Schöpfer einer Idee sind.

Der Zwang zum Kopieren wird durch einen Zwang zum Imitieren ergänzt. Diesen Zwang, automatisch die Handlungen eines Gegenübers zu übernehmen, konnten Wissenschaftler erkennen, indem sie Versuchspersonen das weltbekannte Knobelspiel »Schere, Stein, Papier« spielen ließen. Die 45 Probanden wurden in zwei Gruppen getrennt. In der ersten Gruppe spielten beide

Probanden mit verbundenen Augen, in der zweiten Gruppe war jeweils nur ein Spieler blind. Dann verglich man die Reihenfolge der drei verwendeten Spielfiguren. In der Doppelblindgruppe regierte der Zufall. Anders in der Gruppe, in der nur einem Spieler die Augen verbunden waren. Hier war die Reihenfolge der Figuren nicht mehr zufällig. Der sehende Proband imitierte den blinden auf vorhersehbare Weise, insbesondere die Stein- und Scheregeste. Da sie mit ihren Reaktionen häufiger verloren, gehen die Wissenschaftler davon aus, dass die sehenden Versuchspersonen die Gesten unwillkürlich imitierten, denn Ziel sollte es sein, so viele Siege wie möglich zu erringen. Kurz: Nachäffen ist allzumenschlich.

Quelle: Preston, Jesse/Wegner, Daniel M. (2007): *The Eureka Error: Inadvertent Plagiarism by Misattribution of Effort*, in: *Journal of Personality and Social Psychology* 92, S. 575–584.
Brown, Alan S./Murphy, Dana R. (1997): *Cryptomnesia: Delineating inadvertent plagiarism*, in: *Journal of Experimental Psychology: Learning, Memory, and Cognitio* 15, S. 432–442.
Cook, Richard/Bird, Geoffrey/Lünser, Gabriele/Huck, Steffen/Heyes, Cecilia (2011): *Automatic imitation in a strategic context: players of rock–paper–scissors imitate opponents' gestures*, in: *Proceedings of the Royal Society Biological Science*.

Ich, die schweigende Mehrheit

Der Mensch glaubt fest daran, er vertrete die Mehrheitsmeinung.

Der Mensch ist fremdenfreundlich. Ja, richtig gelesen. Tatsächlich gibt es die psychologische Tendenz, anzunehmen, fremde Menschen stimmten der eigenen Meinung mehrheitlich zu. Wir gehen einfach automatisch davon aus, dass diejenigen, von denen wir nichts wissen, mit uns übereinstimmen. Je weniger wir über Menschen wissen, desto eher gehen wir davon aus, sie seien unserer Meinung.

In zwei Feldstudien konnten Forscher diesen zweifellos dummen Effekt dokumentieren. Forscher rekrutierten 158 Teilnehmer nach einer niederländischen Kommunalwahl direkt aus Wahllokalen. Die Versuchsteilnehmer wurden um ihre Einschätzung gebeten, wie viel Prozent die von ihnen bevorzugte Partei wohl bei den Wahlen erhalten würde. Außerdem wurden sie gefragt, wie hoch sie das prozentuale Ergebnis schätzen, wenn bei der bevorstehenden Wahl auch alle Nichtwähler mitstimmen würden. Die Versuchspersonen gingen wie selbstverständlich davon aus, dass die Nichtwähler ihre Partei wählen würden. Die zweite Schätzung fiel deshalb stets optimistischer für die bevorzugte Partei aus als die erste.

In einem weiteren Experiment zeigte sich, dass die Versuchsteilnehmer ihre eigene Parteipräferenz selbst noch dann auf die Nichtwähler übertrugen, wenn man sie vorher ausdrücklich über gegenteilige Umfrageergebnisse informierte. Auch in diesem Versuch überschätzten die Versuchsteilnehmer die Mehrheitsfähigkeit ihrer eigenen Einstellungen immens. Wir sind eben einfach unbelehrbar.

Fremde halten wir also einfach prinzipiell für gleichgesinnt. Fremde bilden eine Art anonyme Reservearmee für die spontane Projektion der eigenen Einstellung.

Man fühlt sich selbst als Sprachrohr einer ganzen Nation. Eine unbekannte Masse, deren politische Meinungen und Einstellungen per Definition unbekannt sind, kann demnach Ziel sozialer Projektion sein.

Dies ist auch die Erklärung dafür, warum sich viele Menschen nur schlecht damit abfinden können, wenn mal nicht alle der eigenen Meinung sind. Gerne spricht man dann von der »schweigenden Mehrheit«. Was der Mensch wahrnimmt, ist aber nicht die schweigende Mehrheit, sondern der schreiende *Pluralis Majestatis*. Und das ist dann eben nicht nur reine Rhetorik, sondern eingebaute Dummheit.

Quelle: Koudenburg, Namkje/Postmes, Tom/Gordijn, Ernestine H. (2011): *If They Were to Vote, They Would Vote for Us*, in: *Psychological Science*, 22, S. 1507–1510.

Typisch ich

Der typische Deutsche sieht aus wie Sie, lieber Leser!

Es kommt noch skurriler. Der Mensch glaubt nicht nur daran, dass unbekannte Menschen derselben Meinung seien, sondern auch daran, dass sie auch genauso aussehen wie er selbst.

Um diesen Denkfehler aufzudecken, haben Forscher Europäer aus zwei verschiedenen Ländern befragt, wie für sie das typisch europäische Gesicht aussieht. Sie unterteilten die Versuchsteilnehmer in zwei Gruppen. Die erste Gruppe bestand aus 53 Deutschen, die zweite Gruppe aus 50 Portugiesen. Man setzte jeden

Versuchsteilnehmer vor einen Computer, auf dem etwa 20 Minuten lang insgesamt 770 Bildpaare von fotorealistischen Phantombildern gezeigt wurden. Die verwendeten Bilder waren jeweils aus verschiedenen Bildteilen unterschiedlicher Merkmalsausprägungen (Haartypen, Augenbrauen, Augen, Ohren, Nasen, Münder, Kinnformen) zusammengesetzt. Grundlage bildeten Porträtaufnahmen, die man in Köln und Berlin aufgenommen hatte. Jedes Mal musste der Proband entscheiden, welcher der beiden gegenübergestellten Bilder »europäischer« aussehe – wie ein Profiler der Kriminalpolizei sollten die Probanden ihren Durchschnittseuropäer zusammenstellen. Als Abschluss mittelten die Forscher die einzelnen Wertungen zu einem durchschnittlichen Bild; eines für die deutsche Gruppe und eines für die portugiesische Gruppe. Und siehe da: Das durchschnittliche Bild der portugiesischen Teilnehmer sah aus wie ein Portugiese; der Durchschnittseuropäer der deutschen Gruppe sah aus wie ein Deutscher. Jede Nation hielt ihr eigenes Aussehen also für besonders typisch.

Wir denken also im Prinzip egozentristisch. Man sieht sich selbst als Referenz. Die Versuchsteilnehmer übertragen pauschal ihr Äußeres auf andere, unbewusst, aber zuverlässig.

Interessant ist, dass sich beide Probandengruppen als typisch für eine übergeordnete, integrative, multinationale Kategorie wie »Europa« empfanden: eine Art Außengruppenprojektion extremer Ausdehnung. Man projiziert das eigene Aussehen auf eine allgemeine Ganzheit. Der Mensch versteht sich als Vorlage für alle anderen. Nicht nur für die eigene Meinung ist das Selbst

Bezugspunkt, sondern auch für das Auge. Man sieht das Andere vor lauter Selbst nicht.

Quelle: Imhoff, Roland/Dotsch, Ron/Bianchi, Mauro/Banse, Rainer/Wigboldus, H.J. Daniel (2011): *Facing Europe: Visualizing Ingroup Projection*, in: *Psychological Science* (22): S. 1583–1590.

Der eigene Gott

Warum BILD recht hat, wenn sie schreibt, wir seien alle Papst.

Ein gottgefälliges Leben macht glücklich, behaupten Gläubige verschiedener Glaubensrichtungen auf der ganzen Welt. Einige Staatsverfassungen berufen sich sogar auf Gott. Doch was unterscheidet gottloses und gottgefälliges Leben? Die Antwort der Wissenschaft ist ganz klar: nichts. Denn was gottgefällig ist, entscheiden wir alleine bzw. unsere Lebensumstände. Unser Leben ist damit bereits automatisch gottgefällig.

Tatsächlich neigen Menschen dazu, Gott nach ihren eigenen Vorstellungen zu formen. Kluge Experimente können dies jetzt sogar beweisen: Wenn Menschen ihre Meinungen ändern, ändert sich auch ihre Vorstellung von Gott – damit sich diese nicht widersprechen.

Dazu befragten Forscher 1422 Versuchsteilnehmer eines Experiments zunächst über ihre eigenen Überzeugungen zu streitbaren Themen wie Abtreibung und Todesstrafe. Gefragt wurde auch nach der Einstellung, die etwa politische Amtsträger (G. W. Bush), wirtschaftliche Entscheidungsträger (Bill Gates) oder ein abstrakter

Durchschnittsbürger zu diesen Themen haben könnten. Außerdem mussten die Probanden angeben, was ihrer Ansicht nach ihr Glaube zu diesen Themen vorschreibt bzw. im Sinne Gottes sei.

Bei der Auswertung bestand die größte Übereinstimmung zwischen der eigenen Einstellung und ihrer Einschätzung der göttlichen Sichtweise.

Doch damit noch nicht genug: Als Nächstes baten die Forscher alle gläubigen Probanden darum, vor einer Kamera eine Rede zu halten, in der sie zum Beispiel das Thema Todesstrafe aus einer entgegengesetzten Perspektive vertreten, also gegen ihre eigenen Überzeugungen argumentieren mussten. Das geschah aus dem Versuch heraus, ihre Einstellung zu diesem Thema zu verändern. Danach befragte man die Probanden erneut. Der gespielte Perspektivenwechsel veränderte tatsächlich die Sichtweise der Testpersonen. Überraschenderweise aber änderte sich ihre Einschätzung der göttlichen Sichtweise gleich mit. Änderten die Teilnehmer ihre eigene Meinung, änderten sie auch ihre Vorstellungen von Gott bzw. ihres Glaubenssystems. Ihre Meinung darüber, was andere Leute zu diesem Thema dachten, blieben aber weitgehend unbeeinflusst!

Schließlich scannte man die Gehirne der Teilnehmer – während sie sich über ihre eigene Einstellung, die Sichtweise ihres Gottes und die Meinung des durchschnittlichen Bürgers Gedanken machen sollten. Das Ergebnis zeigte stets dasselbe Muster: Das Nachdenken über sich selbst oder Gott aktivierte dieselben Gehirnregionen – diejenigen für selbstreferentielles Denken. Gott entspricht der Identität des Menschen. Das Nachdenken über Durchschnittsbürger aktiviert hingegen andere Regionen. Das beweist, dass der Glaube an Gott anatomisch quasi der Glaube an sich selbst ist. Wir schaffen Gott nach unserem eigenen Bild. Es ist ein Fehler, Menschen danach zu befragen, was denn dieser Gott wollen könnte.

Quelle: Epley, Nicholas/Converse, Benjamin A./Delbosc, Alexa/Monteleone, George A./Cacioppo, John T. (2009): *Believers' estimates of God's beliefs are more egocentric than estimates of other people's beliefs*, in: *Proceedings of the National Academy of Sciences* 106, S. 21533–21538.

Dummheitsgenius

Wer Intelligenz lobt, fördert Faulheit.

Es dürfte nun an dieser Stelle des Buches kein Zweifel mehr daran bestehen, dass wir Menschen zumindest ein klein wenig irrational sind. Aber sollten wir über unsere eigene Fehlbarkeit lachen? Oder sollte man besser über Ausnahmemenschen schreiben? Über menschliche Genies, die sich erhaben gezeigt haben über derlei irrationale Verzerrungen? Vielleicht schätzen wir Intelligenz einfach nicht mehr genug. Nun ja – Wertschätzung und Lob für Intelligenz hat nicht, wie allgemein angenommen, positive Auswirkungen auf die Intelligenz. Wer für seine Geisteskraft gelobt wird, lässt nach. Lob für Intelligenz senkt die Leistungsorientierung und damit die kognitive Kraft. Das heißt, weniger Hartnäckigkeit, weniger Freude und schlechtere Leistung. Denn sehr wahrscheinlich ist der Glaube an das eigene Genie selbst eine Art kognitiver Fehler.

In einem Experiment konnte gezeigt werden, wie sehr Lob die Leistung von Schülern negativ beeinflusst. Dafür absolvierten mehrere hundert Schüler 10 schriftliche Leistungstests mittlerer Schwierigkeit. Unabhängig vom tatsächlichen Ergebnis erzählte man allen Schülern, sie hätten den Test mit 80 Prozent richtigen Antworten gut bestanden. Nachdem die Kinder ihre Ergebnisse bekommen hatten, erzählte man einigen von ihnen, sie seien einfach »sehr intelligent«, und anderen, die »harte Arbeit hätte sich ausgezahlt«. Daraufhin mussten die Schüler eine zweite Prüfung absolvieren. Dabei konnten sie zwischen zwei Schwierigkeitsgraden wählen: entweder leichter oder schwerer als der erste Test. Es zeigte sich, dass die Kinder, die man vorher als »intelligent« bezeichnet hatte, sich überwiegend für die einfache Prüfung entschieden; während die, die für ihre Arbeitsethik gelobt worden waren, sich fast immer für den schwereren Test entschieden. »Genies« finden es also angenehmer, wenn sie Durchschnittliches leisten – was sie dann auch taten. Dieser Effekt konnte in fünf weiteren Experimenten erhärtet werden. Lob kommt vor dem Intelligenzverfall.

Glaubt man daran, dass Intelligenz allein für den Erfolg verantwortlich ist, führt genau diese Überzeugung zum Scheitern. Wird das Genie und die Intelligenz eines Probanden betont, führt das zu weniger Leistung und verringert den Glauben an Mut und harte Arbeit.

Quelle: Mueller, Claudia M./Dweck, Carol S. (1998) *Praise for intelligence can undermine children's motivation and performance*, in: *Journal of Personality and Social Psychology* 75, S. 33–52.

The Walking (Brain-)Dead

Warum es manchmal schlimmer ist, den Raum zu wechseln, als sich mit dem Kopf hart an der Tür zu stoßen.

Zur Dummheitsnatur des Menschen zählt auch, dass er stets in Gefahr ist, weiter zu verdummen. Und was einen dumm macht, ist gelegentlich sehr alltäglich und unverdächtig: der Gang durch eine Tür etwa – eine Türamnesie sozusagen.

Das menschliche Gehirn zerlegt seine Erinnerungen. Betritt man einen Raum, werden sofort neue Erinnerungsinhalte abgerufen. Gleichzeitig werden mit dem Durchschreiten der Tür bestimmte Erinnerungen unzugänglich gemacht. Eine Tür, die Innen- und Außenräume voneinander abgrenzt, verursacht auch im Gedächtnis eine Abgrenzung der Erinnerungsinhalte.

In einer entsprechenden Untersuchung konnten Wissenschaftler feststellen, dass sich insgesamt 60 Versuchsteilnehmer Gegenstände schlechter merken konnten, nachdem sie im Labor die Räumlichkeiten wechselten. Den Forschern standen drei miteinander verbundene Räume zur Verfügung. Die Probanden unterteilte man nach Zufallsprinzip in zwei Gruppen. Die Versuchsteilnehmer sollten sich verschiedenfarbige Gegenstände merken, die man ihnen vor ihrem Raumwechsel zeigte. Ein Teil der Gruppe lief danach durch alle Räume, die zweite durchquerte nur den Startraum, bevor sie einen Gedächtnistest ablegen musste. In diesem Test ging es darum, sich an die zuvor gezeigten Objekte und deren Präsentationsreihenfolge zu erinnern.

Wurden die Probanden nur von einem Tisch zum nächsten gebracht, ohne den Raum zu verlassen, erinnerten sie sich besser. Je mehr Türen sie durchschritten, desto mehr vergaßen sie. Es entgleitet einem unbemerkt, was man eben noch so sicher wusste.

Das hat nichts mit der Tür an sich zu tun ... es sei denn, man ist dagegengelaufen. Vielmehr codiert das Gehirn Inhalte episodisch, dem Kontext entsprechend. Wechseln wir die Umgebung, schwächt die damit verbundene geistige Anstrengung, eine neue Gedächtnisepisode zu codieren, das Erinnerungsvermögen an die vergangene Episode. Jeder Dummkopf, der nur eine Einzimmerwohnung mietet, ist demnach intelligenter als ein Superhirn, das im Palast residiert. Wie mag sich wohl ein Wohnortwechsel auswirken?

Dasselbe geschieht in literarischen Erzählungen, in denen die Episoden zeitlich getrennt abgehandelt werden. Trennt man zwei Textabschnitte durch eine implizite zeitliche Grenze, wie beispielsweise durch die Formulierung »eine Weile später ...«, können sich Probanden wesentlich schlechter an den vorigen Abschnitt erinnern, als wenn diese nur durch einen einfachen Absatz getrennt sind.

Quelle: Radvansky, Gabriel A./Krawietz, Sabine A./Tamplin, Andrea K. (2011): *Walking through doorways causes forgetting: Further explorations*, in: *The Experimental Psychology Society* 64, S. 1632–1645.

Der Fluch der Unkreativität

Der Mensch hasst Kreativität.

Unser Geist ist ein Kuhkaff, neue Ideen sind da nicht willkommen. In einem Experiment mit 200 Probanden konnte gezeigt werden, warum Menschen Kreativität nicht ausstehen können. Kreativität ist im Prinzip durch Neuartigkeit definiert. Diese Neuartigkeit aber löst bei Menschen Gefühle der Unsicherheit und Unbehaglichkeit aus. Menschen bevorzugen Ideen, die einerseits ausschließlich praktischer Natur sind und andererseits als bereits getestet und wahr gelten. Und selbst wenn es auf objektive Kriterien gestützte Hinweise darauf gibt, dass ein kreativer Vorschlag auch tatsächlich funktionieren kann, weigern sich Menschen, kreative Ideen zu akzeptieren. Diese tief verankerte Kreativitätsfeindlichkeit funktioniert sehr subtil, das heißt, die Menschen sind sich dessen nicht bewusst. Ja mehr noch, sie *wissen* noch nicht einmal, dass sie weder in der Lage sind, kreative Ideen als solche zu erkennen, noch sie zu akzeptieren. Diese Kreativitätsfeindlichkeit funktioniert im Prinzip wie Rassismus und Fremdenfeindlichkeit – nur eben auf neue Ideen oder unbekannte Gedanken bezogen. Aber wie kommt man diesem Verhalten auf die Schliche, von dem die Betroffenen selbst nichts wissen?

Zwei Forscher unterteilten 73 Probanden in zwei Gruppen; die eine Gruppe versetzte man in Unsicherheit, die andere nicht. Den Probanden der ersten Gruppe erklärte man, zwischen ihnen würde ein Preisgeld nach dem Lotterieprinzip verteilt. Das genügte, um die Probanden ausreichend zu verunsichern. Jeder Proband nahm anschließend an zwei Tests teil. Der erste maß die implizite Einstellung, der andere die explizite Einstellung gegenüber Kreativität.

Beim expliziten Teil fragte man direkt danach, wie positiv die Probanden gegenüber Kreativität eingestellt seien. Das Testergebnis überrascht nicht. Kreativität hoch zu bewerten ist sozial erwünscht, weshalb die Werte hier ohne Gruppenunterschied positiv ausfielen.

Im impliziten Teil des Tests sollten die Probanden Wortpaarungen mit einem wertenden Begriff (gut, schön oder schlecht, hässlich) und einem beschreibenden Begriff (zum Beispiel kreativ, neu, erfinderisch oder funktional, konstruktiv, nützlich) danach beurteilen, wie gut diese zueinander passten. Diese Abstimmung fand am Computer statt, und die Forscher maßen dabei die Reaktionszeit – je schneller einer Wortpaarung zugestimmt wurde, desto tiefer und unbewusster sitzt die Meinung. Mit diesem Effektwert gewichteten die Forscher dann die Bewertungen. Das Ergebnis zeigt, dass die verunsicherte Gruppe Begriffe, die mit Kreativität synonym sind, stark mit negativen Begriffen assoziiert.

In einem weiteren Experiment unterteilten die Forscher 140 Probanden wiederum in zwei Gruppen. Wieder wurde eine Gruppe trickreich in Unsicherheit versetzt. Diesmal ließ man die Probanden zusätzlich anhand von Noten ein Produkt danach bewerten, für wie kreativ sie es hielten. Das präsentierte Produkt war tatsächlich eine kreative und praktikable Erfindung. Das Ergebnis schockiert: Nur die Probanden der Unsicherheitsgruppe sahen darin keinerlei kreativ-praktikable Neuschöpfung.

Kreativitätsangst macht kreativitätsblind und erklärt, warum so viele Erfinder, Forscher und Designer von ihren Zeitgenossen ausgelacht werden. Eine tiefe Ironie sei dies, so die Forscher. Denn Verunsicherung durch etwa wirtschaftliche Krisen etc. bringt uns nicht dazu, nach innovativen und kreativen Ideen zu suchen, sondern diese zu vermeiden bzw. davor komplett die Augen zu verschließen. Die hier entlarvte geheime Abneigung der Menschen zeigt, warum immer wieder dieselben »Patentrezepte« zu denselben unbefriedigenden Lösungen führen.

Leute denken nicht gern neu, weil dies bei ihnen sogar Bedauern und Reue hervorruft, wie andere Forschungsergebnisse zeigen. Meinungsänderungen werden selbst dann bedauert, wenn die daraufhin getroffenen Entscheidungen zu einem positiven Ergebnis oder Erlebnis führen, die das Leben und das subjektive Empfinden verbesserten. Jede Sinnesänderung schmerzt. Um dies zu beweisen, wurden 109 Probanden in Spielen getestet, die alltägliche Entscheidungssituationen simulierten. Die Versuchspersonen spielten gegen einen Computer, der menschliches Verhalten perfekt simuliert. Bei einem der Spiele erhielten die Versuchsteilnehmer zu Beginn jeweils eine bestimmte Summe Geld, die sie zwischen sich und dem Computer so aufteilen mussten, dass dieser zustimmt. Lehnte der Computer den Deal ab, gingen beide leer aus. Akzeptierte der Computer, erhielt die Versuchsperson die vorgesehene Summe. Ziel war es, den eigenen Anteil so weit zu maximieren, dass dies für den digitalen Empfänger gerade noch akzeptabel war. Nach den einzelnen Spielrunden ist also nie klar, ob man mehr für sich herausholen hätte können.

Die eine Hälfte der Probanden hatte die Möglichkeit, den ursprünglichen Deal mindestens einmal abzuändern, die andere Hälfte hatte nur einen finalen Versuch. Schließlich bat man die Probanden der ersten Hälfte darum, anzugeben, wie sehr sie ihre Entscheidung bereuten. Das Ergebnis war eindeutig: Diejenigen, die ihren ursprünglichen Vorschlag geändert hatten, bereuten ihren letzten Zug stärker als diejenigen, die bei ihrer ursprünglichen Aufteilung blieben – und dies unabhängig davon, ob und wie viel Geld die Versuchspersonen so erspielten. Auch noch nach einer Woche fühlten sich diejenigen, die ihren Deal abgeändert hatten, unsicherer mit dem Ergebnis, auch wenn sie damit erfolgreich waren. Und so ist es emotional billiger, wenn man einfach alles beim Alten lässt.

Dafür ist die Tatsache verantwortlich, dass die Fähigkeit, einen Vergleich mit einer alternativen Entscheidung anzustellen, die allgemeine Zufriedenheit senkt. Der Mensch ist grundsätzlich so ausgerichtet, dass er glaubt, die Welt sei perfekt, so wie sie ist – die beste aller möglichen Welten. Dazu gehört auch der Glaube daran, dass unsere Überzeugungen, Meinungen und Entscheidungen an sich richtig sind. Würde man seine Meinung ändern, wäre das der Beweis dafür, dass man fehlbar ist und nicht immer recht hat. Diese kognitive Dissonanz manifestiert sich im Gefühl des Bedauerns. Unser Hirn ist einfach ein Ort, an dem neue Ideen sterben.

Quelle: Mueller, Jennifer S./Melwani, Shimul/Goncalo, Jack A. (2011): *The Bias Against Creativity: Why People Desire But Reject Creative Ideas*, in: *Psychological Science* 23, S. 13–17.
Kirkebøen, Geir/Vasaasen, Erik/Teigen, Karl H. (2011): *Revisions and Regret: The Cost of Changing your Mind. Journal of Behavioral Decision Making*, in: *Journal of Behavioral Decision Making* 24, S. 267–292.

Veränderungsblindheit

Den Menschen ist egal, was sie gestern noch meinten.

Der Mensch nimmt die Welt nicht 1:1 wahr. Auch bei politischen Wahlen spielt diese Eigenschaft eine Rolle. Auch politische Einstellungen und politisches Verhalten sind in Abhängigkeit von der menschlichen Dummheit zu sehen.

Forscher baten 73 Freiwillige darum, in einem Fragebogen zu politischen, religiösen und moralischen Fragen Stellung zu nehmen. Darin kreuzten die Versuchspersonen an, zu welchem Grad sie bestimmten Statements zustimmen oder sie ablehnen. Nach einer kurzen Ablenkung wurde ihnen der ausgefüllte Fragebogen einfach ein zweites Mal vorgelegt, mit dem Unterschied, dass die Versuchsleiter den Fragebogen so manipuliert hatten, dass ziemlich genau das Gegenteil angekreuzt war. Nun wurden die Probanden darum gebeten, die für sie unmerklich getauschten, nun aber gegenteiligen Antworten zu erklären und zu begründen.

Überraschenderweise verteidigten die Probanden nun genau gegensätzliche Standpunkte, in dem Glauben, es sei ihr eigenes Antwortmuster, das ihnen da vorliege. Nur sehr wenige Probanden, die die heimliche Veränderung bemerkten, widersprachen den Thesen. Die Übrigen machten sich ausnahmslos zu vehementen und selbstsicheren Apologeten einer Meinung, die ihrer eigenen widersprach.

Und das hat nichts damit zu tun, dass die Menschen ihr Geschwätz von gestern nicht interessiert. Diese desaströse Wahlblindheit liegt wahrscheinlich daran, dass wir nicht komplett alles im Gedächtnis speichern, sondern die Umwelt als »externes« Speichermedium nutzen, an dem wir uns orientieren – quasi als Referenzmedium.

Dies könnte auch der Grund dafür sein, dass viele immer wieder dieselbe Partei wählen, ohne zu merken, dass Personal und Inhalt längst ausgetauscht wurden. Verändert sich das Corporate Design, die Hülle, nicht, merkt der Mensch nicht, wenn sich der Inhalt wandelt.

Der Mensch entscheidet selbst in wichtigen Situationen oft weder wissentlich noch begründet. Er hat keine stabile Wahrnehmung seiner eigenen Überzeugungen. Vielmehr kann man ihm Meinungen unterjubeln und ihm problemlos weismachen, es seien die eigenen. Das Dumme daran ist, dass eine falsche Wahrnehmung nur allzu reale Konsequenzen hat. Denn egal, wie sehr die Wahrnehmung sich von der wirklichen Situation unterscheidet, die Menschen handeln danach – 1:0 für die Dummheit.

Quelle: Strandberg, Thomas (2009): *The Magic Moral Survey: Choice blindness in the moral domain*, Lund University Cognitive Science.

Triviale Wichtigkeit

Der Mensch denkt am liebsten unwichtige Gedanken.

Der Mensch liebt die moderne Multioptionsgesellschaft, die ihm jede Art der Wahl lässt. Doch leider schenkt er nur »billigen« Entscheidungen ausreichend Gedankenzeit. Denn für die Wichtigkeit nicht revidierbarer Entscheidungen fehlt ihm gänzlich der Sinn. Der Mensch hängt sich gedanklich an unwichtigen Dingen auf. Aber warum widmet er die meiste und härteste Denkzeit nicht den wirklich wichtigen Dingen, sondern den trivialen? Wieso?

Schuld ist ein unzulässiger Umkehrschluss. Weil es bei wichtigen Entscheidungen um viel geht, sollten sie gut überlegt sein. Wichtige Entscheidungen zu treffen gilt als schwierig und der damit verbundene Entscheidungsprozess als langwierig. Aufgrund dessen widmet man diesen Entscheidungen besonders viel Aufmerksamkeit und Zeit. Im Umkehrschluss gelten die alltäglichen Entscheidungen, die, sagen wir mal, nicht lebenslaufrelevant sind, als leicht lösbar. Das sind sie aber keinesfalls.

Folge dieses Denkfehlers ist, dass wir uns lieber erst unwichtigen Entscheidungen widmen, die aber dennoch kompliziert sind. Infolgedessen verbringen Menschen unverhältnismäßig viel Zeit mit eigentlich irrelevanten Themen. Entpuppen sich die eigentlich unwichtigen Problemchen als schwierig, neigen wir dazu, dies mit Wichtigkeit gleichzusetzen und uns entsprechend intensiv damit zu beschäftigen.

Zum Beispiel bleibt der Mensch zu lange am Regal stehen und grübelt. Entscheidungsdauer und Zusatznutzen stehen dann in keinem Verhältnis mehr.

Nicht jede Entscheidung ist so einfach wie die zwischen einem 1,99- oder 2-Euro-Preis. Faktoren sind etwa verschiedene Wahlmöglichkeiten, Überfrachtung mit Informationen oder widersprüchliche Kosten-Nutzen-Abwägungen.

Das lässt sich wie folgt beweisen: Dazu stellten Forscher 106 Versuchsteilnehmer, zufallsgesteuert in vier Gruppen aufgeteilt, jeweils vor eine Entscheidung, die (1) entweder wichtig, aber einfach, (2) wichtig, aber schwierig, (3)unwichtig, aber leicht oder (4) unwichtig, aber schwierig war. Die Wichtigkeit der jeweiligen Entscheidung definierte sich dadurch, dass ein Teil der Wahlmöglichkeiten als bindend charakterisiert wurde. Unwichtige Entscheidungen hingegen konnten zu einem späteren Zeitpunkt widerrufen werden – eine Entscheidung, die zunächst also folgenlos blieb.

Den Schwierigkeitsgrad variierten die Forscher, indem sie eine der Wahlmöglichkeiten jeweils mit zwei oder vier untergeordneten Optionen versahen, die abwägungsintensiv waren. Dabei spielten die Optionen keine Rolle, sondern sollten die Entscheidung nur künstlich komplizieren.

Die Versuchspersonen sollten zwischen bestimmten Arbeitsaufträgen wählen. Die Wissenschaftler interessierten sich dafür, wie schwer die Entscheidungsfindung jeweils fiel. Schlüsselvariable war die in Sekunden gemessene Zeit, die die Teilnehmer aufwendeten. Grundannahme war: Je wichtiger die Entscheidung, desto länger benötigen die Versuchsteilnehmer für ihre Wahl. Tatsächlich aber nahm die Entscheidungsdauer mit dem Anstieg der Schwierigkeit zu. Dieser Effekt war besonders ausgeprägt, wenn die Entscheidung eigentlich unwichtig war. Das Ergebnis klingt paradox, aber die Versuchsteilnehmer entschieden sich bei schwierigen Aufgaben schneller, wenn sie eine nicht widerrufbare Wahl trafen. Fazit: Je folgenschwerer eine Entscheidung, desto unbekümmerter geht der Mensch damit um.

War die Entscheidung von geringer Relevanz und die Wahl umkehrbar, zermarterten sich die Probanden ihren Geist. Je bedeutungsloser eine Entscheidung, desto genauer überlegt der Mensch.

Daraus lässt sich schlussfolgern, dass der Mensch für Naheliegendes und leicht Revidierbares so viele geistige Kapazitäten opfert, dass nicht genug für die wahrhaft wichtigen Gedanken bleiben.

Noch eine andere Eigenschaft macht uns anfällig für Dummes. Je wichtiger eine Lebensentscheidung und tiefgreifender deren Folgen, desto schneller vergessen wir sie wieder. Und je schwieriger das Abwägen der Vor- und Nachteile, desto erfolgreicher und nachhaltiger das darauffolgende Vergessen. Trifft der Mensch eine Wahl, steht er vor dem Problem, zwischen mehreren Aspekten, Zielen oder Wünschen zu entscheiden – ein innerer Konflikt, der überwunden werden muss. Da könnte man annehmen, dass der Mensch die wichtigsten Entscheidungen besonders gut in Erinnerung behält. Doch das Gegenteil ist der Fall. Menschen verarbeiten wichtige Entscheidungen offenbar wie traumatische Belastungen und trennen den belastenden Entscheidungsprozess vom Bewusstsein.

Findige Forscher konnten diese Gedächtnisstörung aufdecken, indem sie Versuchsteilnehmer sowohl mit einfachen als auch kniffligen Wahlmöglichkeiten konfrontierten. Direkt danach sollten sie angeben, wie schwierig es für sie jeweils war, ihre Wahl zu treffen. Die Forscher maßen zudem, wie viel Zeit sie dafür jeweils benötigten. Im Anschluss testeten die Forscher schließlich das Erinnerungsvermögen der Versuchspersonen. Tatsächlich, die Versuchsteilnehmer konnten sich schlechter an eine schwierige als an eine leichte Wahl erinnern. Je mehr Zeit die Entscheidungsfindung in Anspruch nahm, desto weniger konnten sich die Freiwilligen überhaupt daran erinnern, welche Wahlmöglichkeiten ihnen zur Entscheidung standen.

Eine Paradoxie der freien Welt: Mehr Möglichkeiten der Mitbestimmung führen zur Gedächtnis- und damit Gewissenlosigkeit. Denn wer sich nicht mehr erinnert, kann auch seine Fehlentscheidung nicht bedauern. Kurz: Der Mensch löst viele innere Konflikte, indem er sie einfach vergisst. Am Ende lebt man mit den Konsequenzen seiner Wahl und kann sich nicht mehr daran erinnern, dass es jemals eine Alternative dafür gab, oft sogar, dass man sich einst selbst dafür entschied. Am Ende wirkt dann alles wie vorherbestimmt – der Entscheidungsamnesie sei Dank!

Quelle: Sela, Aner/Berger, Jonah (2012): *Decision Quicksand: How Trivial Choises Suck Us In*, in: *Journal of Consumer Research* 39, S. 000–000.
Chance, Zoe/Norton, Michael I. (2008): *Decision Amnesia: Why Taking Your Time Leads to Forgetting*, in: *Advances in Consumer Research* (35), S. 55–58.

Lernen unmöglich

Wir lernen nicht aus unseren Fehlern.

Der Mensch ist unfähig, aus dummen Fehlern zu lernen. Gemeint ist die Grundform des Lernens, nämlich aus Fehlschlägen und Erfahrungen, kurz: Ursache und Wirkung. Die Art des Lernens, die man schon bei Affen beobachten konnte. Dieses Unvermögen resultiert daraus, dass konkrete, gefühlsbezogene Erfahrungen flüchtig sind. Gefühle können schlecht abgespeichert und wieder erinnert werden. Gefühle sind vergänglich. Wir können die Situation und die Bedingungen gedanklich en détail rekonstruieren und dadurch gemachte Gefühle erneut (nach)erleben. Eine Art Gedankenspiel. Doch je mehr Zeit vergangen ist, desto ungenauer wird die Rekonstruktion, desto geringer die Intensität und Genauigkeit der erinnerten Gefühle. Was bleibt, ist die allgemeine Urteilskraft bzw. Besserwisserei des Menschen. Vorhersagen über Gefühle basieren daher zwangsläufig auf allgemeinen Kenntnissen und Intuitionen.

Dies konnten Wissenschaftler experimentell nachweisen. Sie baten 42 Versuchsteilnehmer darum, auf einem Fragebogen auf einer Skala von eins bis zehn anzugeben, wie angenehm es für sie sein würde, einen BMW, einen Honda Accord oder einen Ford Escort zu fahren. Das Ergebnis überrascht nicht: Je teurer das Auto, desto positiver das erwartete Fahrerlebnis. Intuitiv vermuteten die Versuchsteilnehmer, dass mit dem Wert des Autos auch die Zufriedenheit steige.

In einem weiteren Schritt verglichen die Forscher diese Angaben mit den Angaben einer anderen Probandengruppe, die über tatsächlich gemachte allgemeine Erfahrungen im Umgang mit diesen Automarken verfügte. Hierfür befragten die Forscher insgesamt 547 Probanden zunächst danach, welches Auto sie fahren (Marke, Modell und Jahr). Erst danach fragten sie nach den generellen Erfahrungen, die die Versuchspersonen damit bisher gemacht hatten. Nicht überraschend: Beide Gruppen stimmten in ihren Einschätzungen überein. Je teurer das Auto, desto positiver das Fahrerlebnis.

Doch nun der Clou: Eine weitere Gruppe Probanden fragte man zunächst nach den letzten mit dem jeweiligen Auto konkret gemachten Erfahrungen. Wie fühlte sich das Fahren am Tag der Befragung selbst an, etwa während der letzten 20 Minuten ganz unmittelbar im Vorfeld der Befragung. Wie in der zweiten Testphase fragte man nach dem Autotyp erst, nachdem die Probanden ihre Gefühle auf einer Zehnerskala dokumentiert hatten. In diesem Fall ließ sich kein Zusammenhang zwischen dem Wert des Autos und einer Gefühlsidentität erkennen. Beim Fahren selbst unterscheiden sich Luxus- und Billigauto nicht. Sitzt der Fahrer im Auto, spielt die Marke keine wahrnehmbare Rolle mehr.

Wie erklären Forscher diesen Effekt? Tatsächlich glauben Menschen fest daran, dass Entscheidungen jederzeit gut begründet sein müssen. Dieser Rechtfertigungstrieb macht uns glauben, etwas sei vergnüglicher, solange wir es nur gut begründen können. Begründen ließe sich die Vorzugswürdigkeit eines Autos etwa mit dem Preis oder sonstigen vermeintlich objektiven Kriterien.

Die herangezogenen Kriterien spielen immer dann eine Rolle, wenn wir Vorhersagen treffen oder unsere Erinnerungen ex situ bemühen, nicht jedoch bei In-situ-Erfahrungen. Im Moment des direkten Konsums ist die Wahrnehmung absolut; egal ob es dafür nun eine Begründung gibt oder nicht. Doch die in situ gemachten Erfahrungen verblassen. Bei einer erneuten Kaufentscheidung spielen dann wieder objektive Gründe eine Rolle und sorgen dafür, dass wir von einem Produkt mehr Nutzen erwarten, wenn sich eine Anschaffung damit gut begründen lässt. Selbst wenn wir dabei auf eigene Erfahrungen zurückgreifen, basieren auch diese Erinnerungen auf denselben vernünftigen Überlegungen und bestätigen scheinbar unsere Erwartungen, weil wir die eigentlich wichtigen Gefühlszustände in situ nicht mit erinnern können. Egal wie oft wir nach dem Trial-and-error-Prinzip agieren, es folgt fast immer dumpfe Fehlerwiederholung. Und so entscheiden wir uns immer wieder für ein Auto oder ein Handy, das wir eigentlich nicht brauchen.

Erwartungen, Erinnerungen und Entscheidungen haben oft wenig mit dem tatsächlichen Erlebnis zu tun.

Quelle: Schwarz, Norbert/Xu, Jing (2011): *Why don't we learn from poor choises? The consistency of expectation, choise, and memory clouds the lessons of experience*, in: *Journal of Consumer Psychology*, S. 1–4.

Ungeahnte Risikolust

Sicherheit macht unglücklich.

Menschen planen gern möglichst genau und langfristig. Bei derlei Planungseuphorie verwundert es, dass die gemachten Pläne regelmäßig an der Realität scheitern. Planstabsmäßiges Chaos, so erleben Menschen den Alltag privat und beruflich – nichts ist sicher und damit vorhersehbar!

Wissenschaftler vermuten, dass dies daran liegt, dass wir unbewusst ein chaotisches Leben bevorzugen. Ohne es zu merken, versetzen wir uns als Einzelner und als Gesellschaft in fortwährende Unsicherheit. Wir leiden unter dieser Unsicherheit; paradoxerweise macht uns diese Unsicherheit aber glücklich.

Unser Gehirn ist dummerweise so konstruiert, dass unvorhersehbare Reize unser Belohnungssystem besonders intensiv stimulieren. Plötzliche Risiken sorgen für eine besonders starke Dopaminausschüttung, die wir als Glück wahrnehmen. Mehr Chaos, mehr Vergnügen. Paradox, aber wahr, denn dieser Widerspruch ist nicht auflösbar. Und so fühlen wir uns von allem angezogen, was uns irgendwie in Unsicherheit wiegt. Wir sind deshalb stets unglücklich mit sicheren Jobs oder verlässlichen Partnern – entgegen dem, was wir uns rational wünschen.

Forscher konnten diesen abwegigen Hang zum »süßen Leiden« in einem atemberaubenden Experiment nun erstmalig nachweisen. Das Experiment sah vor, dass der eine Teil der insgesamt 25 Probanden Wasser und Fruchtsaft in unregelmäßigen Zeitabständen gereicht bekam, während der andere Wasser und Saft stets im selben zeitlichen Intervall erhielt. Dabei maß man die Gehirnaktivitäten mit einem Magnetresonanztomographen. Das Ergebnis: Wurden die Erfrischungsgetränke in unregelmäßigen Abständen gereicht, wurde das Belohnungssystem stärker aktiviert, als wenn man alle 10 Sekunden etwas erhielt.

Die Probanden bekamen von diesen verborgenen Freuden bewusst nichts mit! Befragte man die Versuchspersonen, bevorzugten sie die Situation, in der die Getränkeabgabe vorhersehbar war.

Wir nehmen also dieselben Dinge gehirnphysiologisch unterschiedlich wahr, je nachdem ob sie vorhersehbar oder unvorhersehbar sind. Unsere Befriedigung wächst dabei quasi umgekehrt proportional zu dem, was uns bewusst erstrebenswert erscheint. Dies erklärt beispielsweise, warum wir unseren unsicheren und stressigen Job lieben, obwohl wir uns permanent darüber beschweren. Es erklärt aber auch, warum wir am Anfang einer Beziehung verliebter sind als später – zu Beginn ist der Partner noch unvorhersehbar und Vertrauen damit ein großes Risiko.

Quelle: Berns, Gregory S./McClure, Samuel M./Pagnoni, Giuseppe/Montague, P. Read (2001): *Predictability Modulates Human Brain Response to Reward*, in: *Journal of Neuroscience* 21, S. 2793–2798.

With a little help from my (evil) friend

Der Glaube an einen Feind lässt uns ruhiger schlafen.

Der Mensch weiß nicht nur nicht, was für ihn gut ist. Es kommt auch noch hinzu, dass er sich nur über eine feindschaftliche Beziehung mit Menschen Sinn verschaffen kann. Nach dem Sinn ihrer Existenz sucht die Menschheit seit ihrem Bestehen. Vielleicht liegt der Sinn des Lebens aber ganz einfach darin, sich Feinde zu machen. Psychologen sind sich ziemlich sicher, dass Feinde einen eindeutigen seelischen Vorteil mit sich bringen, den wir alle auf Gedeih und Verderben suchen.

Feinde sind Menschen, die uns daran hindern, eigene Ziele zu erreichen. Genau deshalb sollte man sich keine Feinde machen, denn sie trüben unser Wohlbefinden. Dies sagt uns zumindest der Verstand. Doch dem Egomanen Mensch ist der Wunsch, Kontrolle über seine Umwelt auszuüben, viel wichtiger als Friedfertigkeit. Genau dieser paradoxe Wunsch bringt ihn dann regelmäßig um den Verstand, wie wissenschaftliche Untersuchungen zeigen.

Forscher baten 91 Versuchsteilnehmer in drei Gruppen um die Teilnahme an einer Onlineumfrage. Eine Teilaufgabe des Fragebogens war es, einen gruppenbezogenen Text zur Terrorgefahr zu lesen. Der Text hatte die Aufgabe, den Probanden ein Feindbild zu liefern. Man beschrieb darin die Al-Kaida entweder (Gruppe eins) als unfähige und ungefährliche Terrororganisation, (Gruppe zwei) als fähige aber unvorhersehbare zuschlagende Terrororganisation oder (Gruppe drei) als fähige und vorhersehbare Terrororganisation. Im Anschluss wurden allen Probanden Fragen danach gestellt, wie sie die Bedrohung durch terroristische Organisationen zukünftig einschätzten. Das Ergebnis überrascht. Die dritte Gruppe schätzte die Gefahr weniger bedrohlich ein als die erste Gruppe. Das bedeutet, dass der Mensch lieber einen Feind hat, der vorhersehbar und mächtig ist, als einen unfähigen und ungefährlichen Feind – denn der bleibt eben unberechenbar. Mit anderen Worten, wer klar definierte Feinde hat, lebt ruhiger, denn er lebt in einer stabilen, kohärenten, klaren Welt – denn das unvermeidlich Negative des Daseins wird auf Feinde abgeschoben. Erst unter Feinden fühlt sich der Mensch sicher – ironischerweise. Ein Feind macht die Welt weniger risikoschwanger. Die Illusion, einen klar definierten

Feind zu besitzen, befördert das illusorische Bewusstsein, die Welt sei dadurch weniger chaotisch und diffus.

Quelle: Tesser, Abraham/Smith, Jonathan (1979): *Some effects of task relevance and friendship on helping: You don't always help the one you like*, in: *Journal of Experimental Social Psychology* 16, S. 582–590.

Freundesfeindlichkeit

Ein Freund, ein guter Freund, das ist manchmal das Schlimmste, was es gibt auf der Welt.

Es ist ja noch nicht einmal so, dass Menschen ihre Freunde wirklich mehr lieben als einen x-beliebigen Fremden. Im Prinzip tun wir oft genau das Gegenteil. Zwar ohne Absicht, aber Unbewusstsein schützt nicht vor Schuld. Der Mensch ist nicht nur latent fremdenfeindlich, sondern eben auch freundesfeindlich – und zwar immer dann, wenn sein Selbstwertgefühl in Gefahr ist.

Freundesfeindlichkeit: Diesen Graubereich der Freundschaft konnten Forscher in einem bedeutenden Experiment beleuchten. Darin wurde gezeigt, dass man eher seinen Freunden schadet als Fremden. 52 Probanden nahmen dazu an einem Spiel teil, bei dem die eine Hälfte zusammen mit einem Fremden, die andere Hälfte mit einem echten Freund Wörter erraten sollte. Der Freundschaftsstatus wurde vorher intensiv geprüft – nur echte Freunde waren zugelassen.

Für die eine Hälfte der Paarungen beschrieben die Forscher das Spiel als Leistungstest, der etwa von führenden Unternehmen in Einstellungsverfahren Einsatz finden soll. Auf diese Weise bekommt das lustige Wörterraten für diese Teams eine ernsthafte Bedeutung für das Selbstwertgefühl. Ist der Partner im Vergleich besser, steht man im schlechten Licht da. Die andere Hälfte der Zweierteams hielt die Aufgaben für einen unbedeutenden Zeitvertreib.

Da die Forscher das Spiel manipuliert hatten, erzielten die Versuchsteilnehmer zunächst nur schlechte Ergebnisse. Der Versuchsanleitung zufolge durften die Versuchsteilnehmer ihren Partnern, als sie dann an der Reihe waren, sehr hilfreiche oder wenig hilfreiche Lösungshinweise geben.

Das Ergebnis stellt Freundschaften in Frage, denn die Versuchspersonen, die das Spiel für einen wichtigen Test hielten, gaben Fremden wesentlich häufiger sehr hilfreiche Tipps als ihren Freunden. Indem sie das Ergebnis des Freundes sabotierten, schützten die Probanden ihre durch die schlechten Leistungen bereits angekratzte Selbstachtung. In der Gruppe, die das Spiel für harmlos hielt, gab es diesen Unterschied nicht.

Es ist paradox, aber die Versuchsteilnehmer taten alles, damit der Freund nicht besser abschnitt als sie selbst. Sobald ein Freund in irgendeiner Tätigkeit erfolgreicher ist als wir, beeinträchtigt dies unser Selbstwertgefühl und unsere Selbstachtung negativ. Wir sonnen uns nicht im Glanze des Freundes, sondern fürchten vor allem dessen Schatten, so die Forscher. Als Resultat schaden wir den Menschen, denen wir am nächsten stehen.

Quelle: Abraham, Tesser/Smith, Jonathan (1980): *Some effects of task relevance and friendship on helping: You don't always help the one you like*, in: *Journal of Experimental Social Psychology* 16, S. 582–590.

Einsamkeitsparadox

Warum man immer die wenigsten Freunde hat.

Lustig ist in diesem Zusammenhang, dass es immer so wirkt, als ob die eigenen Freunde mehr Freunde hätten als man selbst. In der Regel ist man unter seinen Freunden der einsamste. Denn egal wer Sie, lieber Leser, sind, scheinbar haben Ihre Freunde jeweils immer mehr Freunde. Sie sind der unpopulärste unter Ihren Freunden.

Forscher haben komplexe Freundesnetzwerkanalysen auf Facebook, dem wohl bekanntesten sozialen Netzwerk, unternommen und herausgefunden, dass die Wahrscheinlichkeit größer ist, mit jemanden befreundet zu sein, der mehr und nicht weniger Freunde hat. Man könnte dies auch als Facebook-Paradox bezeichnen. Die Forscher untersuchten das Beziehungsnetz von 721 Millionen Menschen. Absolut existieren auf Facebook 69 Millionen Freundschaften. Und das Ergebnis zeigt, dass ein Nutzer durchschnittlich nur 190 Freunde hatte, während es bei deren Freunden im Durchschnitt 635 Freunde waren. Die durchschnittliche Freundesanzahl von Freunden ist immer größer als die durchschnittliche Anzahl der Freunde eines Individuums.

Modellbeispiel: Es gibt 100 Menschen, die einen Freund haben, der 100 Freunde hat. Demnach ist es 100 Mal wahrscheinlicher, mit dem Menschen befreundet zu sein, der 100 Freunde hat, als mit einem, der nur einen Freund hat. Wenn ein Mensch nur einen Freund hat, dann sind das sehr wahrscheinlich nicht Sie. Will man die Freundesverteilung des Einzelnen erfassen, wird jeder Freund nur einmal gezählt, bei der Erfassung der Freunde von Freunden werden hingegen einige sehr populäre Individuen wieder und wieder gezählt.

Und das ist Ihr Glück, denn sonst hätten Sie vielleicht gar keinen Freund. Der populäre Freund ist nämlich nur mit Ihnen befreundet, weil er eben mehr Freundeskontakte hat. Er ist populär und beliebt, und Sie nicht. Im Freundesvergleich sieht man demnach immer automatisch schlecht aus. Grund hierfür ist, dass der Mensch immer beliebte Menschen als den Maßstab sieht, der angibt, wie viele Freunde man mindestens haben sollte.

Das gilt auch für andere Lebenssituationen: Man betrachte als Beispiel ein Schwimmbad; die durchschnittliche Besucherzahl pro Quadratmeter ist eher gering. Für den durchschnittlichen Badegast ist die Dichte allerdings deutlich höher, weil die meisten wie die Affen im Affenpark faul zusammen mit ihm im Whirlpool abhängen.

Und das ist auch genau der Knackpunkt, warum Ihr Partner sehr wahrscheinlich mit mehr Partnern Sex hatte als Sie; und Sie das nun in alle Ewigkeit nervt.

Quelle: Ugander, Johan/Karrer, Brian/Backstrom, Lars/Marlow, Cameron (2012): *The Anatomy of the Facebook Social Graph*, in: arXiv: 1111.4570v3, S. 1–13.

Geschmacksschlichtheit

Wir mögen alles, solange wir es schon kennen.

Denken kostet Zeit und ist anstrengend. Es gibt Vergnüglicheres. Und vor allem: Denken geht nie gut (wovon dieses Buch zu berichten weiß). Kaum jemand hat Lust, sich seines eigenen Verstandes zu bedienen. Denn da geht es um Wissen, bessere Entscheidungsfindung, Argumentation und Überzeugungsarbeit. Für die meisten Menschen ist der Geschmack viel wichtiger. Lieber ein Mensch mit Stil und Geschmack sein als ein Intellektueller.

Doch die Doofheit des Menschen beeinflusst auch seine ästhetischen Urteile. Viele verstehen sich als Trendsetter oder gar Stilikonen. Doch deren Vorstellungen von guter oder schlechter Ästhetik funktionieren genau wie alle anderen Entscheidungen auch: größtenteils ohne Bezug zur Wirklichkeit.

Ein Beispiel aus der Musik. Hört der Mensch Musik, aktualisiert das Gehirn ständig die eigenen Prognosen zur Harmoniefolge. Musik wird als wohlklingend empfunden, wenn sich diese Prognosen bewahrheiten. Erwarten wir einen Schlag auf einem bestimmten Takt, und der reale Beat entspricht dieser Erwartung, fühlen wir Zufriedenheit. Stimmt der hörbare Rhythmus mit dem geistigen Rhythmus überein, ist unser Geschmack getroffen. Deshalb hören wir gerne immer wieder die gleichen Musikrichtungen, Bands, Songs und Beats – bis zum Abwinken. Tatsächlich errechnet das Gehirn in Echtzeit ein Vorhersagemodell des aktuellen Musikstücks. Dieses gedankliche Modell des Songs bestimmt dann, wie wir das Musikstück wahrnehmen.

In einem Experiment maßen Neurologen die Gehirnströme von 20 Probanden beim Hören von Musik. Als musikalische Grundlage wählten die Forscher 28 englische Kirchenlieder. Die Versuchsteilnehmer wurden gebeten mit geschlossenen Augen aufmerksam zuzuhören. Auf Grundlage eines ausgeklügelten statistischen Systems identifizierten die Forscher vorab Noten, die wahrscheinlicher sind als andere. Diese Modellannahmen verglichen sie mit den Reaktionen der Gehirnaktivität der Versuchspersonen. Sobald unwahrscheinliche Noten gehört wurden, also eine Veränderung des melodischen Musters stattfand, konnte man direkt die neuronale Reaktion darauf erfassen. Tatsächlich lösten die Störungen heftigste Reaktionen im Gehirn aus. Sobald sich die neuronal erzeugte Prognose nicht bewahrheitete, kam es zu einem sprunghaften Anstieg der Aktivität der Gehirnströme in den Scheitellappen und anderen Hirnregionen. Sobald das Schema, erst Note X, dann Note Y verzerrt wird, also nicht das zu hören ist, was wir erwarten, erkennt unser Gehirn den Vorhersagefehler, so die Forscher.

Im Prinzip ist das Zugehörigkeitsgefühl zu einer Musikrichtung nur Suche nach Bestätigung. Wir hören, was unsere vorgefassten Erwartungen erfüllt. Menschlicher Geschmack ist also ziemlich eintönig. Der Mensch kennt keine musikalischen Unterscheidungskriterien, sondern nur, ob etwas seine Vorstellung bestätigt. Man will keine gute Musik hören, sondern Bestätigung.

Das Gleiche gilt für Literatur. Auch die Literatur muss eigentlich keinen Gestaltungsregeln folgen, sondern nur die Erwartungen ihrer Leser erfüllen. Erkennbar ist diese Tendenz auch daran, dass Menschen einen Film oder ein Buch nicht weniger genießen, wenn sie vorab schon über den Plot gehört hatten, sondern sogar noch mehr. Richtig gelesen: Trailer verderben den Genuss eines filmischen oder literarischen Werkes nicht;

wer das Ende der Story schon kennt, amüsiert sich sogar noch ein klein wenig mehr. Wird der Mörder des Krimis (»der Gärtner war's!«) vorab verraten, killt das nicht den Spaß. Im Prinzip könnte man die letzte Seite des Buches direkt zu Beginn lesen, es würde kaum einen Unterschied machen.

Dass der Spaß bleibt, wenn die Spannung geht, konnte man in einer Experimentalserie belegen. Forscher übergaben 60 Versuchspersonen zwölf berühmte Kurzgeschichten. Darunter Werke von Agatha Christie und Ambrose Bierce. Die eine Hälfte der Probanden bekamen die Texte im Original, die andere Hälfte eine manipulierte Version, in der das Ende der Geschichte schon zu Beginn des Textes vorweggenommen wurde. Nach der Lektüre fragte man die Versuchspersonen, wie sehr ihnen die Kurzgeschichte gefallen hatte.

Kurioserweise bevorzugten die Versuchspersonen fast durchweg die von den Forschern manipulierte Version. Im Prinzip genossen die Probanden das zu lesen, was sie schon wussten. Das heißt aber auch, dass die eigentliche Handlung keine große Rolle spielt. Menschen halten das, was sie bereits kennen, für eine ästhetische Vorliebe. Deswegen sind auch immer wieder dieselben Motive etc. zu lesen und zu sehen. Nur die Geschichte, deren Ende man schon kennt, ist auch eine gute Geschichte. Grund hierfür ist der bereits für die Musik entdeckte Effekt, dass wir wenig überraschungsfreudig sind. Demzufolge ist auch Spannung ein negatives Gefühl, dem wir unbewusst zu entrinnen versuchen.

Wahrscheinlich ist das so zu erklären, dass die Fähigkeit, bevorstehende Ereignisse frühzeitig vorhersagen zu können, einen entscheidenden Vorteil im Überlebenskampf bringt. In unserer Vergangenheit konnte diese Fähigkeit den Unterschied ausmachen, ob man überlebte oder nicht. Jede falsche Vorhersage hatte direkte negative körperliche Konsequenzen. Dieser Mechanismus bestimmt wahrscheinlich auch unseren Musikgenuss, vielleicht sogar allen Genuss. Und macht uns zu so vehementen Verteidigern unseres eigenen Geschmackes.

Quelle: Pearce Marcus T./Ruiz, María Herrojo/Kapasi, Selina/Wiggins, Geraint A./Bhattacharya, Joydeep (2010): *Unsupervised statistical learning underpins computational, behavioural, and neural manifestations of musical expectation*, in: *NeuroImage* 50, S. 302–313.
Quelle: Leavitt, Jonathan D./Christenfeld, Nicholas J. S. (2011): *Story Spoilers Don't Spoil Stories*, in: *Psychological Science* 22, S. 1152–1154.

Bäumchen wechsel dich

Kleider machen tatsächlich Leute.

Kleider machen Leute, zumindest in den Augen anderer. Was wir tragen bestimmt, wie wir von anderen gesehen oder beurteilt werden. Klar, die anderen verwechseln die Hülle mit dem Inhalt. Doch ganz so oberflächlich ist das Phänomen dann doch nicht, denn es beeinflusst auch den Träger viel direkter und tiefer, als man vermuten würde: »Bemäntelte Kognition« nennt es das federführende Forscherteam. Fasching des Geistes könnte man auch sagen. Kleidung verändert nicht nur das Erscheinungsbild, sondern auch die Einstellung. Das Outfit ist auch ein »Infit«, wenn sich die inneren Denkprozesse an die Kleidungsvorgaben der Hülle angleichen. Klingt verrückt, wurde aber von findigen Wissenschaftlern enthüllt.

Forscher konnten in drei Experimenten nachweisen, dass Kleidung tatsächlich die Denkprozesse des Trägers verändert. Dass man ist, was man trägt, konnte man zeigen, indem man eine Reihe von Versuchspersonen veranlasste, immer dasselbe Kleidungsstück zu tragen, aber dem Kleidungsstück, in diesem Fall ein weißer Kittel, jeweils eine andere symbolische Bedeutung verlieh.

Im ersten Experiment unterteilte man 58 Versuchspersonen in zwei Gruppen. Die erste Gruppe trug einen weißen Kittel, die zweite Gruppe normale Straßenkleidung. Die Probanden durchliefen jeweils dieselben Aufmerksamkeitstests. Dabei machten die Probanden im weißen Kittel durchschnittlich halb so viele Fehler wie die Gruppe in Alltagskleidung.

Im zweiten Experiment wurden 74 Studenten nach Zufallsprinzip in drei Gruppen aufgeteilt. Die eine Gruppe musste einen Arztkittel tragen, die zweite den Kittel eines Malers – in Wirklichkeit war der Kittel jedoch identisch und wurde nur entweder als Arzt- oder Malerkittel gereicht; der dritten Gruppe wurde lediglich ein Arztkittel gezeigt. Anschließend durchliefen wieder alle Gruppen dieselben Aufmerksamkeitstests. Diejenigen mit Arztkittel schnitten wieder signifikant besser ab.

Beim letzten Experiment war die Kittelvergabe dieselbe. Diesmal jedoch mussten die Probanden vorab kurz ihre Gedanken zu dem Kleidungsstück zu Papier bringen, bevor sie wieder eine Reihe Aufmerksamkeitstests durchliefen. Auch hier siegte wieder die Arztkittelfraktion. Die beiden anderen Versuchsgruppen schnitten ungefähr gleich schlecht ab. Für die Forscher ein eindeutiges Indiz, dass man den Mantel tragen muss, damit er auch eine psychologische Wirkung entfaltet.

Kleidung unterstreicht nicht nur den Charakter, sie bildet ihn auch. Einen Teil seiner geistigen Aspekte trägt der Mensch wie wechselbare Bekleidung: Wir wechseln unseren Denkstil tatsächlich so oft wie unsere Kleider – Fashionismus.

Quelle: Adam, Hajo/Galinsky, Adam D. (2012): *Enclothed Cognition*, in: *Journal of Experimental Social Psychology* 48, S. 918–925.

Denkbewegung

Denken ist keine körperlose Sache.

Pfiffige Forscher haben »händisches Denken« entdeckt. Wie bitte? Nicht nur der Geist beeinflusst und steuert den Körper, sondern der Körper beeinflusst und steuert auch den Geist. »Ich bin, also denke ich« könnte der zugrundeliegende Grundsatz dieses Phänomens heißen. Vernunft ist Teil unserer Körperlichkeit, Vernunft ist eingebettet in das visuelle und motorische System und andere körperliche Mechanismen. Wir nutzen alle diese Systeme und Mechanismen gleichzeitig. Die Beziehung zwischen Gedachtem und Gemachtem ist eine Beziehung der Gleichheit und nicht eine Beziehung der Gegensätzlichkeit oder Nachbarschaft. Unsere Ideen werden verkörpert und unser Körper vergeistigt.

Konkret: Der Mensch verwechselt beispielsweise Gewicht mit Bedeutung. In einem Experiment bat man 54 Versuchsteilnehmer darum, die Lebensläufe von Bewerbern zu beurteilen. Die Lebensläufe waren an einem Klemmbrett befestigt. Die Forscher unterteilten die Probanden in zwei Gruppen. Das Klemmbrett der einen Gruppe wog nur 340 Gramm, das Klemmbrett der anderen stolze 2041,2 Gramm. Beide Probandengruppen waren aufgefordert, die Eignung, Leistungsfähigkeit sowie die Ernsthaftigkeit der Bewerber zu bewerten. Überraschenderweise beeinflusst das Gewicht des Klemmbretts die Sichtweise der Probanden. Die Versuchsteilnehmer mit dem schweren Klemmbrett beurteilten die präsentierten Lebensläufe durchschnittlich als passender für die Position, die Ernsthaftigkeit der Bewerbung höher und so weiter. Offenbar signalisiert Gewicht auch eine inhaltliche Bedeutsamkeit. Die gegenständliche Umwelt beeinflusst unwillkürlich unsere Gefühle und unseren Verstand. Die »Macht der Dinge« sorgt dafür, dass wir Bewerber völlig willkürlich für geeigneter oder motivierter halten.

Dieser Effekt sitzt so tief, dass er sich auf menschliche Entscheidungen sogar noch auf sehr viel filigranere Weise auswirkt. Als Ursache für die Macht taktiler und haptischer Reize vermuten die Forscher den Fakt, dass das Tastgefühl sich nach der Geburt zuerst entwickelt und später quasi das sensorische »Gerüst« für begriffliches Wissen bildet. Vielleicht wirken aus demselben Grund auch gebundene Bücher bedeutender als Taschenbücher.

Aber Forscher entwickelten noch interessantere Experimente. Sie baten eine Gruppe von 92 Probanden darum, ein Comic zu lesen, während sie einen Stift zwischen ihren Schneidezähnen positionierten. Zwei andere Gruppen sollten den Stift mit der Lippe fixieren oder gar nur in der Hand halten. Vorgeblich wollten die Forscher die psychomotorische Koordination testen, also die Fähigkeit der Menschen, mit unterschiedlichen Aufgaben gleichzeitig umzugehen. Überraschenderweise fand die Gruppe mit dem Stift zwischen den Zähnen den Comic amüsanter als die Probanden der beiden Kontrollgruppen. Aber all das ist nur eine große »Komikblase«, denn nicht die Comicsprechblasen waren Ursache des Amüsements: Grund dieser Einschätzung war, dass bestimmte Muskelgruppen aktiv sind. Den Stift zwischen den Zähnen zu halten, bedeutet eine erhöhte Aktivität der Muskeln, die man normalerweise zum Lächeln braucht. Kurz: Der Gesichtsausdruck hat Einfluss auf unsere Gefühle, Erleben und Verhalten. Wieder hat die Bewegung bestimmt, was gedacht wird.

Es wird aber noch skurriler oder einfach menschlicher. Ein Forscher bat Freiwillige darum zu bewerten, wie sehr sie ein Lebensmittel mögen, während man es ihnen auf einem großen Bildschirm präsentierte. Manchmal wurde der Name des Lebensmittels auf und ab bewegt, manchmal von links nach rechts. Dadurch brachte der Forscher seine Probanden dazu, unbewusst zu nicken oder den Kopf zu schütteln. Als Resultat mochten die Probanden besonders die Lebensmittel, bei denen sie unbewusst nickten. Manchmal genügt es, einfach nur zu nicken, um etwas zu mögen. Der Geist folgt dem Körper. Der Körper ist willig, der Geist schwach. Genau das Gegenteil von dem, was man immer zu hören bekommt. Schon mal genickt und drüber nachgedacht?

Selbst unser Sitzfleisch kann Kontrolle über unseren Verstand erlangen. Gedanken nicht »für den Arsch«, sondern vom Hosenboden? Unser Urteil verändert sich, je nachdem, worauf wir gerade sitzen. Aus Urteilskraft wird auf diese verheerende Weise »Ortteilskraft«. Für das entsprechende Experiment setzten Forscher die eine Hälfte von 86 Probanden auf harte Holzstühle, den anderen Teil auf gepolsterte Stühle. Dann bat man die Probanden, um den Preis eines Autos zu feilschen. Der vorgegebene Preis belief sich auf 16 500 US-Dollar. Obwohl der Sitzplatz, gepolstert oder nicht, keinen Einfluss auf das Erstgebot hatte, beeinflusste die Bequemlichkeit des Stuhls die Bereitschaft, die ersten Angebote anschließend zu erhöhen. Diejenigen auf weichen Stühlen erhöhten ihr Angebot durchschnittlich um 1243,60 US-Dollar; diejenigen auf harten Stühlen erhöhten ihr Angebot durchschnittlich nur um 869,50 US-Dollar – sie waren sehr viel unwilliger, ihre ursprüngliche Entscheidung zu revidieren.

Der Mensch ist geistig an seinen Körper gefesselt. Menschen handeln körperbezogen. Die körperliche Gestalt bestimmt die Formen des Denkens. Unsere geistigen Entscheidungen sind zu einem gewissen Teil unserer körperlichen Erscheinung geschuldet. Körperspezifität nennen das Forscher, die diesem Phänomen auf die Schliche kamen. Dazu wurde beispielsweise der Einfluss der Händigkeit untersucht, also das Phänomen, dass wir eine dominante Hand haben.

In einer Reihe von Experimenten konnten Forscher feststellen, dass Menschen Dinge bevorzugen, die ihnen von ihrer dominanten Seite gereicht werden. Dazu wurden Versuchsteilnehmer in zwei Gruppen unterteilt. Jeder der Versuchsteilnehmer wurde darum gebeten, sich mehrfach zwischen Alternativen zu entscheiden. Die Teilnehmer sollten beispielsweise wählen, welches von zwei Produkten sie lieber kaufen oder welchen fiktiven Bewerber sie eher einstellen würden.

Die Forscher waren überrascht, denn Rechtshänder wählten quasi routinemäßig die Produkte und Bewerber, die ihnen von der rechten Seite her präsentiert wurden. Umgekehrt gilt es genauso – Linkshänder bevorzugten jeweils die Alternative, die ihnen von der linken Seite gereicht wurde. Menschen bevorzugen offenbar Dinge, die sie entweder leichter erkennen oder mit denen sie leichter interagieren können. Rechtshänder agieren über die rechte Seite mit ihrer Umwelt, deshalb fällt ihnen dies leichter.

Aber es ist nicht so, dass die Links- oder Rechtshändigkeit alleine eine Rolle spielt. Vielmehr löst die dahinter liegende Körperlichkeit diesen Effekt aus. Die Forscher testeten dies gezielt, indem sie den Probanden jeweils die dominante Hand festbanden. Und tatsächlich veränderte sich das Verhalten entsprechend der körperlichen Veränderung. Die Behinderung machte aus Linkshändern entscheidungstechnisch Rechtshänder – und umgekehrt. Unser Körper bestimmt demnach ganz direkt unser Denken.

Damit hat sich die Evolution selbst ein Schnäppchen geschlagen, zum Nachteil des Menschen. Die Einhändigkeit sorgt zwar für eine größere körperliche Genauigkeit, geistig aber zu Fehlurteilen. Dadurch kann der Mensch zwar besser nach Sachen greifen, nicht aber besser *be*greifen, was Sache ist. Eine Beidhändigkeit würde den

Menschen sehr wahrscheinlich zu einem Tollpatsch mutieren. Einem Tollpatsch, der dafür aber genauer entscheiden würde.

Quelle: Ackerman, Joshua M./Nocera, Christopher C./Bargh, John A. (2010): *Incidental Haptic Sensations Influence Social Judgments and Decisions*, in *Science* 328, S. 1712–1715.
Strack, Fritz; Martin, Leonard L.; Stepper, Sabine (1988): *Inhibiting and facilitating conditions of the human smile: A nonobtrusive test of the facial feedback hypothesis*, in: *Journal of Personality and Social Psychology* 54, S. 768–777.
Casasanto Daniel (2011): *Different Bodies, Different Minds: The Body Specificity of Language and Thought*, in *Current Directions in Psychological Science* 20, S. 378–383.

Tastaturdenken

Wir denken, die Technik würde uns gehorchen, doch es ist genau andersherum.

Weiter oben haben Sie gelesen, auf welch verrückte Weise Sprache die Gedanken verwirrt. Doch was ist, wenn paradoxerweise Technik bestimmt, wie wir Sprache wahrnehmen? Wenn technische Notwendigkeiten gedankliche Freiheit unterbinden? Die Tastatur, das Schreibwerkzeug unserer Zeit, hat einen Einfluss auf die Wörter, die man darauf abtippt. Im Büro ist es der Computer, unterwegs das Handy. Der Eingabemodus bestimmt das Wahrnehmungsspektrum. Diese Hilfsmittel wirken sich, so die Wissenschaftler, ähnlich stark auf die Bedeutung der Sprache aus wie die mündliche Betonung (Intonation oder Akzentuierung). Auch hier kann sich mit dem Klang der Wörter ihre Bedeutung verändern.

Wissenschaftler konnten tatsächlich feststellen, dass

Buchstaben, die überwiegend auf der rechten Seite einer gängigen Computertastatur getippt werden, mit sehr viel positiveren Emotionen verbunden sind als Wörter, deren Buchstaben mehrheitlich auf der linken Seite der Tastatur zu finden sind. Die Zonengrenze bildet die Tastenreihe T, G und B. Wo Wörter getippt werden bestimmt, wie sie wahrgenommen werden. Demnach werden Wörter von dem Eingabegerät gefiltert, in das man sie eingibt. Auf Dauer verändere das die Bedeutung dieser Wörter, so die Forscher.

Das dazugehörige Experiment sieht so aus: Den 132 Versuchsteilnehmern zeigte man eine Reihe von Wörtern, deren emotionale Bedeutung sie auf einer 9-Punkte-Skala bewerten sollten. Für jedes der präsentierten Worte berechneten die Forscher die Differenz zwischen der Anzahl linker Buchstaben (q, w, e, r, t, a, s, d, f, g, z, x, c, y, b) und rechter Buchstaben (y, u, i, o, p, h, j, k, l, n, m), um zu bestimmen, ob es sich um ein rechtslastiges Wort handelt. Im Anschluss setzten sie die beiden Merkmale in Verbindung.

Das Ergebnis ist unglaublich. Befinden sich die Buchstaben eines Wort überwiegend auf der rechten Seite, werden sie positiver bewertet. Hämmert man Worte in die Tasten, behämmert man ihren Sinn.

Die Forscher vermuten, dass die Tasten auf der rechten Seite einfacher zu tippen seien, was zu positiven Gefühlen führt. Je leichter ein Wort zu tippen ist, desto positiver seine Bedeutung. Wegen der QWERTZ-Tastatur ist die linke Hand für die Eingabe von mehr Buchstaben als die rechte zuständig. Deshalb müssen alle Schreibkräfte auf der linken Seite mehr arbeiten bzw. tippen und größere geistigere Anstrengung leisten, um die Handbewegungen zu vollziehen.

Versuchsteilnehmern wurden beliebige einzelne Buchstaben mit der Bitte präsentiert, diese so schnell wie möglich auf einer Tastatur einzugeben. Die Versuchsteilnehmer verorteten die Taste auf dem Keyboard schneller, wenn sie auf der rechten Seite angesiedelt war. In Summe führt dies dazu, dass Menschen »rechte Worte« positiver wahrnehmen.

Dahinter steckt ein psychologischer Effekt, den man Leichtigkeit nennt. Leichtigkeit kann die Urteilsbildung beeinflussen. Ist ein Wort rechtsdominant, wird es gemocht. Für das feinmotorische Tippen bevorzugt der Mensch konsistent die rechte Seite. Und alles, was dort geschrieben wird, finden sie gut. Demnach gibt es eine Lateralität von Wörtern. Unerklärlich verwirrend, aber menschlich.

Quelle: Jasmin, Kyle/Casasanto, Daniel (2012): *The QWERTY Effect: How typing shapes the meanings of words*, in: *Psychonomic Bulletin & Review*, 19, S. 1823–1828.

Pussy-Riot-Effekt

Musikhören ist gefährlich!

Unsere Moral spielt nach der Musik. Denn Musikhören verstellt den moralischen Kompass. Kompositionen aus Tönen und Geräuschen korrumpieren den Ethos und die Gedanken der Konsumenten.

Forscher konnten diese musikalische Seite der Gedanken wie folgt entschlüsseln: Insgesamt 166 Versuchspersonen teilte man dazu in zwei Gruppen auf. Die erste Probandengruppe bekam nervige japanische Traditionsmusik vorgespielt; die zweite Freiwilligengruppe fröhliche klassische Musik. Eine Kontrollgruppe bekam nichts auf die Ohren. Im Anschluss legte man den Versuchspersonen dann mehrere Kurzgeschichten vor, in denen Menschen verbotene oder unmoralische Dinge taten. Die erste Gruppe bewertete moralisches Fehlverhalten durchschnittlich sehr viel strikter und härter. Klassische Musik wusch die Taten der beschriebenen Übeltäter weich.

In einem zweiten Experiment mit gleichem Aufbau präsentierte man den Probanden dann Beispiele, in denen Menschen etwas Positives taten, beispielsweise Hilfe leisteten. Hier bewertete die Klassikgruppe im Vergleich zur Lärmgruppe sehr viel positiver. Unerwünschte und damit nervige Musik machte die entsprechende Gruppe missgünstig und ignorant.

Damit konnten die Forscher nachweisen, dass unser moralisches Empfinden, das allzu oft als Charaktereigenschaft des Menschen gesehen wird, in Wahrheit willkürlich durch Musik beeinflusst werden kann. Nicht so einfach, wenn nicht jedermann nach der gleichen Geige spielt.

Kein Wunder, dass sich so mancher Machthaber und so manche Autokratie vor Musik fürchtet. Nervige Musik macht kritischer! Klingt erst einmal die Moral vieler im Gleichtakt, muss sich auch der mächtigste Herrscher dem von diesem skurrilen Ensemble aufgeführten Stück beugen. Siehe Pussy Riot – die Qualität ihrer Musik ist fraglich, ihre Wirkung nicht. Deshalb wird Musik vielleicht auch immer flacher; denn durch Verflachung wird sie ungefährlicher.

Quelle: Seidel, Angelika/Prinz, Jesse (2012): *Mad and glad: Musically induced emotions have divergent impact on morals*, in: *Motivation and Emotion*, DOI: 10.1007/011031 012 9320 7.

Ideenzement

Der Wunsch liegt im Auge des Betrachters.

Menschen neigen dazu, viel schneller und leichter an das zu glauben, was ihnen gefällt. Das liegt daran, dass Menschen nicht genau hinsehen, wenn es um etwas geht, an das sie glauben möchten.

Findige Forscher konnten diesen Mechanismus experimentell belegen, indem sie 57 Versuchspersonen einzeln in einen Raum brachten und sie baten, sich geistig auf ein Quizspiel mit Fragen zur amerikanischen Geschichte vorzubereiten. Dafür bekamen sie einen beliebigen Mitspieler zugeteilt, um so im Doppelpack gegen ein anderes Team anzutreten. Zur Vorbereitung gab man den Versuchsteilnehmern noch vor Spielbeginn die Möglichkeit, Beispiele bereits beantworteter Geschichtsfragen zu sehen. Der einen Hälfte der Probanden reichte man jeweils acht Antwortbeispiele eines angeblichen »Mitspielers«, der anderen Hälfte dieselbe Anzahl an Antworten eines »Gegenspielers«. Beide Antwortproben waren durch den Versuchsleiter so manipuliert worden, dass sie hundertprozentig korrekt waren.

Anschließend bat man die Versuchspersonen um eine möglichst sachliche Leistungsbeurteilung. Nun das absurde Ergebnis: Die Teilnehmer, die die Antworten eines vermeintlichen »Gegenspielers« gelesen hatten, bewerteten dessen Leistung skeptisch und führten die Korrektheit auf bloßes Glück oder tendenziell gar Betrug zurück. Die Gruppe, die die Antworten eines »Mitspielers« gelesen hatte, lobte dessen besondere Fähigkeiten.

Beide Gruppen hatten identische Texte bekommen, waren aber zu völlig gegensätzlichen Schlussfolgerungen gelangt. Ganz klar zeigten die Probanden die Tendenz, Gegenspieler kleinzureden und Mitspieler positiv zu verklären. Das heißt, die Schlussfolgerungen folgten ihren Motiven.

Wir prüfen viel weniger, wenn uns die Dinge gefallen, die wir sehen. Eine Art automatische Tendenz, nur gefällige Informationen wahrzunehmen, wird hier durch eine komplementäre Tendenz ersetzt, Ideen härter und sorgfältiger zu prüfen, wenn wir dagegen sind.

Man könnte dies auch den Mamaeffekt nennen. Mamas finden ihre Kinder immer automatisch toll. In diesem Fall beeinflusst die Motivation wohl am deutlichsten die Wahrnehmung. Und diese rosarote Brille gilt für alle Dinge und Beziehungspersonen, die uns wichtig sind.

Quelle: Klein, William M./Kunda, Ziva (1992): *Motivated Person Perception: Constructing Justifiction for Desired Beliefs*, in: *Journal of Experimental Social Psychology* 28, S. 145–168.

Glückskrüppel

Der Mensch sollte besser Fremden vertrauen als sich selber.

Menschen wissen nicht, was sie glücklich macht. Obwohl doch ausgerechnet Glück das eigentliche Ziel menschlicher Existenz ist, wie es überall heißt. Selbst ein Fremder kann das besser bestimmen als man selbst.

Eine Studie zum Thema konnte zeigen, dass Probanden, die an einem experimentellen Rollenspiel teilnahmen, besser vorhersagen konnten, ob ihnen ein Speed-Date gefällt, wenn sie vorher den Erfahrungsberichten eines Fremden gelauscht hatten, als wenn sie eine eigene Prognose anhand verfügbarer Informationen trafen.

Das ist kontra-intuitiv: Menschen sind wirklich sehr schlecht darin, vorherzusagen, was sie in Zukunft glücklich machen könnte. Wir bewerten den Glückszuwachs einer Shoppingtour, die Glücksrendite einer neuen Beziehung oder den Süßegrad der Rache über. Umgekehrt fürchten wir uns meist zu sehr vor schlechten Testergebnissen oder Fehlern. Am Ende ist alles nur halb so gut oder halb so schlecht wie angenommen bzw. befürchtet. Vielleicht sind wir aber eben nur Glückskrüppel, die eine Stütze brauchen.

Wir sind systematisch unfähig, unsere eigenen emotionalen Reaktionen zu prognostizieren und scheitern daran, Erfahrungen aus der Vergangenheit heranzuziehen.

Aber dass wir tatsächlich eher einem Unbekannten vertrauen sollten als auf uns selbst, ist trotzdem schier unglaublich. Während wir den Erfahrungen eines Fremden lauschen, entgehen wir den typischen Fehlern, die wir machen, wenn wir unsere Reaktion auf zukünftige Erlebnisse vorhersehen wollen.

Die Forscher schickten dazu 33 weibliche Probandinnen jeweils auf ein kurzes fünfminütiges Speed-Date mit einem von acht Männern. Davor aber mussten die Teilnehmerinnen vorhersagen, wie ihnen das Date wohl gefallen wird. Die eine Hälfte traf ihre Vorhersage auf Grundlage persönlicher Profile und Fotos des potentiellen Dates. Im Profil waren die Lieblingsbücher und -filme, kurz, der ganze typische Dating-Kram angegeben. Viele Menschen suchen ja ihre Partner wie Fallanalytiker Mörder. Die andere Hälfte durfte zusätzlich dem Erfahrungsbericht einer Fremden lauschen, bevor sie ihre Prognose abgab. Das Ergebnis zeigt, dass diejenigen ihre Einschätzung besser vorhersehen konnten, die vorher den Erfahrungen einer fremden Frau zugehört hatten; sie verringerten ihre Fehlerquote um durchschnittlich 49 Prozent. Der Erfahrungsbericht eines Fremden halbiert die Kluft zwischen Erwartung und Realität.

Allerdings war sich die Mehrheit stets sicher, dass sie bei der Prognose nur auf ihre eigenen Einschätzungen vertrauten. In den meisten Fällen aber unterschätzten die Frauen den Spaß, den sie dann tatsächlich mit ihrem Date hatten.

Doch die Beweisführung geht noch weiter. In einer Folgestudie baten die Forscher 88 Probanden darum, eine kurze Geschichte aufzuschreiben, anhand deren Inhalts sie dann später durch eine Jury aus Psychologen einem von drei Persönlichkeitstypen zugeordnet wurden: der positive Typ A, der neutrale Typ B oder der negative Typ C. Eine Art Persönlichkeitstest also. Außerdem bat man die Probanden um eine Einschätzung, ob und wie sehr es sie wohl verletzen würde, wenn man sie als Typ C kategorisieren würde. Zuvor sollte die eine Hälfte der Probanden eine ausführliche Beschreibung der drei Persönlichkeitstypen lesen. Der anderen Hälfte der Probanden wurde beschrieben, wie andere Menschen auf eine solche Beurteilung reagiert hatten.

Das Experiment sah vor, dass alle Probanden als Typ C klassifiziert werden – das Ergebnis war also durch die Forscher bewusst fingiert worden, eine Jury existierte nicht.

Nach der Auflösung bewerteten die Probanden dann ihre persönliche Betroffenheit. Und wieder zeigte sich eine ähnliche Reaktion. Die Probanden, die zuvor gehört hatten, wie andere Menschen auf eine C-Beurteilung reagiert hatten, hatten ihre eigene Reaktion treffender beurteilt. Der Erfahrungsbericht reduziert den Unterschied zwischen Vorstellung und erlebten Emotionen um ganze 63 Prozent.

Und wieder waren die Probanden der Meinung, die vollständige Beschreibung der Persönlichkeitstypen wäre viel nützlicher als Informationen über die Reaktionen von Fremden gewesen.

Wie falsch kann man liegen, wenn es um die eigenen Gefühle und Empfindungen geht? Der Mensch ist ein Gefühlskrüppel.

Es ist besser, sich auf wildfremde Menschen zu verlassen, egal wie unterschiedlich die Vorstellungen des anderen von Freud und Leid sind – er ist die bessere Quelle für eigene Gefühlsprognosen. Schwer zu glauben, aber die Erfahrung eines Fremden liefert uns einen besseren Einblick in die Zukunft unseres eigenen Lebens.

Quelle: Gilbert, Daniel T./Killingsworth, Matthew A./Eyre, Rebecca N./Wilson, Timothy D. (2009): *The Surprising Power of Neighborly Advice*, in *Science* 323, S. 1617–1619.

Empathielücke

Der Einzelne kennt sich selbst am schlechtesten.

Dasselbe Problem hat der Mensch, wenn es darum geht, Risiken einzugehen. Wenn wir unser Verhalten in unangenehmen Situationen vorhersagen sollen, liegen wir fast automatisch falsch. Erst große Töne spucken und dann doch zum Angsthasen mutieren – wer kennt das nicht? Dass hochmütige Vorüberlegungen und eitle Erwartungen meist im Moment der Wahrheit wie Seifenblasen zerplatzen, hat jeder schon einmal erlebt. Neu ist, dass der Mensch dazu geradezu veranlagt ist. Er ist darauf programmiert, der »Illusion des eigenen Könnens« zu erliegen.

In zwei Experimenten fragten Forscher 207 Versuchspersonen in zwei Versuchsgruppen danach, ob sie bereit wären, sich in eine peinliche Situation zu begeben, wenn sie dafür Geld bekämen.

Es ging darum, gegen Geld vor einer größeren Gruppe zu James Browns *Get up (I feel like being a) sex machine* zu tanzen. Der einen Gruppe zeigte man zuvor den Horrorklassiker *The Shining*. Die andere Gruppe befragte man einfach nur.

Das Ergebnis überrascht, denn diejenigen unter den Versuchspersonen, die man durch das Horrorvideo in negative Gefühlszustände versetzt hatte, konnten viel genauer vorhersagen, ob sie auch tatsächlich dazu in der Lage waren, einen kühlen Kopf zu bewahren. Sie kannten ihre wahre Bereitschaft. Die Gruppe ohne videotechnisch manipulierte Stimmungslage überschätzte ihre Bereitschaft hingegen erheblich.

Die Illusion von Mut sei das Resultat einer Empathielücke, meinen die Wissenschaftler. Der Mensch ist nicht in der Lage, sein Verhalten vorherzusagen, weil er sich nicht in seine eigene Zukunft versetzen kann. Der Mensch kann quasi nicht mit sich selbst vorausfühlen. Emotionen beeinflussen die Wahrnehmung, die Neigungen und Verhaltensweise tiefgreifend. Peinlichkeit und Verlegenheit gehören ins Reich der Emotionen. Auf dieses Reich hat der Mensch aber nur direkt und unmittelbar Zugriff, nur in der »Hitze des Gefechts«, denn es befindet sich außerhalb des Bewusstseins. Wahrnehmung und Erkenntnis von Gefühlen fällt zeitlich mit ihrem Erleben zusammen. Trotz der vielen emotionalen Momente und Situationen, die der Alltag so bietet, kann der Mensch aus diesem Grund nichts aus seinen Gefühlen lernen.

In einem relativ gefühlsneutralen Zustand kann der Mensch seine emotionale Erregbarkeit nicht zuverlässig vorhersagen. Erst wenn man ihm aufwendig Gefühle beibringt bzw. direkt erzeugt, wie die Forscher in diesem Experiment mit dem Horrorfilm, handelt er entsprechend. Man kennt sich eben selbst am schlechtesten!

Quelle: Van Boven, Leaf/Loewenstein, George/Welch, Edward/Dunning, David (2012): *The illusion of courage in self-prediction: Mispredicting one's own behavior in embarrassing situations*, in: *Journal of Behavioral Decision Making* 25, S. 1–12.

Selbstbehinderung

Für ihr übergroßes »Ego« opfern Menschen sogar ihren Erfolg.

Menschen stellen sich gern selbst ein Bein. Sie sabotieren ihre Chancen zwar unbewusst, aber oft um ihr Selbstwertgefühl zu schützen – eine mächtige und selbstzerstörerische Täuschung mit dramatischen Auswirkungen. Zum Beispiel setzen sich Menschen unerreichbare Ziele (vom Tellerwäscher zum Millionär), oder sie verweigern die Arbeit. Diese Verhaltensweisen sind stets eine gute Ausrede, warum man letztendlich etwas nicht geschafft hat. Das Ziel war eben unerreichbar, heißt es dann. Und eine Sache gar nicht versucht zu haben ist immer noch erträglicher, als daran gescheitert zu sein. Damit beraubt man sich zwar der Chance, erhält aber ein positiveres Selbstbild.

So bleibt man selbstbewusst und -verliebt auch dann, wenn man schon längst ein »Loser« ist. Beispielsweise dann, wenn man mit dem Lernen für eine wichtige Prüfung so lange wartet, bis es fast zu spät ist. Fällt das Ergebnis dann positiv aus, hat man es geschafft, obwohl man nur wenig gelernt hat. Ist das Ergebnis negativ, hat man es nicht geschafft, weil man eben zu wenig gelernt hat. Damit externalisieren die Menschen das Scheitern und internalisieren den Erfolg. Man immunisiert sich gegen – womöglich desillusionierende – Selbsterkenntnisse.

Um diesen Effekt nachzuweisen, teilte man 40 Probanden in zwei Gruppen ein. Es folgte ein mündlicher Test. Die Mitglieder der ersten Gruppe bekamen darauf positive Rückmeldung, unabhängig von den tatsächlichen Ergebnissen – ziemlich schmeichelhaft für das Selbstwertgefühl. Die zweite Gruppe bekam gar kein Feedback.

Bevor die Probanden einen weiteren Test absolvieren konnten, bot man ihnen die Möglichkeit, sich so lange vorzubereiten, wie sie es für nötig hielten. Die Versuchsteilnehmer mit positiver Rückmeldung entschieden sich im Vergleich mit der Gruppe ohne Feedback dafür, wenig bis überhaupt nicht zu lernen.

Die Forscher gehen davon aus, dass die Gruppe mit Feedback auf der Suche nach einer Ausrede war, um eine mögliche schlechte Leistung im zweiten Test zu begründen. Mit einem externen Faktor wie der Übungszeit ließ sich der eigene Beitrag zu einem möglichen Misserfolg viel leichter verschleiern. Die Versuchspersonen wollten damit ihr Selbstwertgefühl nicht nur aufrechterhalten, so die Forscher, sondern dieses auch erhöhen. Die Rechnung ist ganz einfach: trotz minimaler Vorbereitungszeit erfolgreich sein.

Das ist kein Übermut, wie die Forscher feststellten. Denn in einem weiteren Experiment konnte gezeigt werden, dass sich sehr Selbstbewusste besonders dann nicht vorbereiten, wenn sie unter Beobachtung stehen.

38 Probanden gab man zunächst einen Fragebogen, mit dem das Selbstbewusstsein des Befragten eingeschätzt werden sollte. Es folgte ein Test. Davor bot man den Probanden aber noch an, einige Testaufgaben beliebig lang zu üben. Eine Hälfte der Probanden wurde dabei von einem Versuchsleiter beobachtet, die andere Hälfte nicht. Diejenigen mit hohem Selbstbewusstsein aus der beobachteten Gruppe übten sehr viel weniger als die sehr Selbstbewussten der unbeobachteten Gruppe. Diejenigen, die viel von sich hielten, sabotierten sich besonders oft selbst, wenn sie dabei beobachtet wurden. Mit einem Zeugen fällt es leichter, die schlechten Leistungen mit schlechter Vorbereitung zu begründen. Am schlechten Testergebnis änderte das nichts, aber das Selbstbild bleibt unbeschädigt. So ruiniert man sich selbst, mit arrogant gehobener Nase. Bei weniger selbstbewussten Versuchsteilnehmern machte der Beobachtungsfaktor nämlich keinen Unterschied, beide Teile übten gleich viel. Versuchspersonen geringen Selbstbewusstseins stolperten nicht über ihr Ego, übten fleißig und erzielten letztendlich auch die besseren Ergebnisse. Selbstbewusst geht der Mensch zugrunde. Auf hohem Ross dem Untergang entgegen.

Quelle: Tice, Dianne M./Baumeister, Roy F. (1990): *Self-esteem, self handicapping, and self-presentation: The strategy of inadequate practice*, in: *Journal of Personality* 58, S. 443–464.

»Zum einen Ohr rein, zum anderen Ohr wieder raus« gilt nur für schlechte Nachrichten.

Denk positiv! Niemand mag Schwarzmaler und Schlechtmacher! Always look on the bright side of life! Tatsächlich ist diese Lebenseinstellung ein formidabler Denkfehler. Geistig sind wir nämlich darauf gepolt, optimistisch zu sein. Wir brauchen uns also eigentlich gar nicht um Optimismus zu bemühen, denn er ist uns schon eingebaut – wenn auch unbemerkt. Die Aufforderung, das Leben doch bitte positiv zu betrachten, ist im Prinzip so etwas, wie Eulen nach Athen zu tragen.

Die Wahrheit ist, dass unrealistischer Optimismus allgemein verbreitet ist. Und zwar in der Form, dass wir schlechte Nachrichten und Unschmeichelhaftes ignorieren. Ein Ohr haben wir nur für gute Nachrichten.

In einer gewitzten Studie konnte man diese Fehlleistung gut dokumentieren: Positive Dinge nehmen wir stärker wahr als negative. Die eingebaute Filtereinheit, der Pessimismus-Zensor, nennt sich *Gyrus frontalis inferior* (IFG). Seinetwegen sehen wir lieber die guten Seiten – wie beim Lächeln (siehe Seite 177). Er macht uns in gewisser Weise blind für die dunklen Seiten des Lebens.

Durch 40 Sekunden lange magnetische Pulse schalteten Forscher Teile des Gehirns von 30 Freiwilligen aus. Beim ersten Drittel der Probanden richtete man das Gerät auf den linken *Gyrus frontalis inferior,* beim zweiten Drittel auf den rechten. Den restlichen 10 Probanden sendete man die magnetischen Wellen zur Kontrolle in unbedeutende Gehirnregionen. Währenddessen beschrieb man den Versuchspersonen auf einem Bildschirm 40 Schicksalsschläge, die man niemandem wünscht, darunter unheilbare Krankheiten, Privatinsolvenz, Diebstahl oder Scheidung. Dabei sollten die Probanden schätzen, wie hoch sie ihr eigenes Risiko für derlei Hiobsbotschaften einschätzten. Im Anschluss präsentierte man ihnen dann die tatsächliche Wahrscheinlichkeit. Auf diese Weise konnten die Versuchsteilnehmer erkennen, ob sie ihr persönliches Risiko eher über- oder unterschätzt hatten. Nach einer kurzen Unterbrechung präsentierte man den Probanden ein weiteres Mal die 40 Katastrophen, diesmal aber ohne irgendetwas in ihrem Gehirn magnetisch zu blockieren. Daraufhin sollten sie erneut das Risiko schätzen, irgendwann selbst davon betroffen zu sein. Auf diese Weise konnten die Forscher überprüfen, ob und wie die Versuchsteilnehmer ihre Annahmen jeweils korrigierten. Dabei zeigte sich, dass diejenigen, denen man die rechte Frontalwindung außer Betrieb gesetzt hatte, ihre ursprünglich falschen Annahmen eigentlich immer nur dann korrigierten, wenn sie ihr Risiko zuvor überschätzt hatten. Sie revidierten ihre Meinung immer nur dann, wenn es sich um gute Nachrichten handelte. Etwa dann, wenn ihr Krebsrisiko doch niedriger war als angenommen. Auch die Kontrollgruppe berichtigten ihre Annahmen nur zum Besseren. Negative Informationen missachteten sie ganz einfach.

Diejenigen jedoch, denen man den linken Frontallappen lahmgelegt hatte, zeigten diese Verzerrung nicht. Sie revidierten ihre falschen Schätzungen auch dann, wenn sie ihr Risiko zuvor zu niedrig eingestuft hatten. Diese Probanden hatten auch aus schlechten Nachrichten gelernt. Folglich ist es der linke Frontallappen, der für unrealistischen Optimismus sorgt, indem er schlechte Nachrichten aus den Gedanken herausfiltert. Blockiert man ihn, ist Schluss mit der Asymmetrie in der Meinungsbildung. Der Mensch ist so konstruiert, Risiken zu verharmlosen und sich selbst damit zu bestärken. Dafür gibt es sogar eine kleine Einheit im Gehirn, eine Art eingebauter Motivationstrainer. Es sei denn, man schaltet den Optimismus-Teil des Gehirns ab. Empfehlenswert ist eine derartige Behandlung vor allem für Börsenmakler und an Großbauprojekten Beteiligte. In deren Bereichen sorgt unbegründeter Optimismus für Milliardenverluste.

Quelle: Sharot, Tali/Kanai, Ryota/Marston, David/Korn, Christoph W./Rees, Geraint/Dolan, Raymond J. (2012): *Selectively Altering Belief Formation in the Human Brain*, in: *Proceeding of the National Academy of Sciences 110*, S. 1–5.

Tragikspaß

Der Mensch genießt Leid – aber nur das der anderen.

Es mag wie eine Tragödie erscheinen, wie sehr Dummheit zum Menschen gehört. Das Schlimme ist nur, dass das Unglück anderer, auch der Menschheit als Ganzes, das eigene Glück erhöht. Zumindest subjektiv lenkt anderer Unglück von den negativen Aspekten der eigenen Misere ab.

361 Probanden wurde ein tragischer Film gezeigt, in dem zwei Menschen zunächst voneinander getrennt werden und schließlich sterben. Vor und nach der Filmvorführung befragten die Forscher die Versuchspersonen darüber, wie glücklich sie mit ihrem Leben in allen denkbaren Aspekten sind. Auch mehrmals während des Filmes befragten die Forscher die Probanden nach Gefühlen von Traurigkeit oder Glück. Auf Grundlage dieser Selbstangaben konnten die Forscher erklären, warum es Menschen besonders gut geht, wenn sie den Kummer anderer beobachten. Tatsächlich erzeugen die Tragödien anderer Gedanken an das eigene Wohlbefinden. Doch es ist nicht die Schadenfreude über das Schicksal anderer oder die Erleichterung, nicht selbst betroffen zu sein; nicht der Vergleich, der diesen Effekt auslöst. Dies wäre auch viel zu vernünftig.

Die negativen Erlebnisse und Situationen Fremder machen nachdenklich, lenken die Aufmerksamkeit dann aber auf die positiven Aspekte des eigenen Lebens, etwa die eigenen Beziehungen zu geliebten Menschen. Genau dieses Weichspülgefühl ist Ursache für die Ignoranz und Indifferenz gegenüber Tragik und Katastrophe. Als wäre man gerade noch so mit einem blaugrauen Auge davongekommen.

Quelle: Knobloch-Westerwick, Silvia/Gong, Yuan/Hagner, Holly/Kerbeykian, Laura (2012): *Tragedy Viewers Count Their Blessings: Feeling low on Fiction Leads to Feeling High on Life*, in: *Communication Research*.

Das Glück des Traumas

Leid ist eine Quelle des Glücks.

Doch auch das eigene Leid erfreut den Menschen. Großes Leid oder ein handfestes Trauma löst, so erste empirische Forschungsergebnisse, ebenso große positive Empfindungen aus. Studien zu den Terroranschlägen in New York und den Bombenanschlägen in Madrid können nachweisen, dass viele betroffene Bewohner im Anschluss an die Ereignisse positive psychologische Entwicklungen durchliefen. Demnach erfüllt uns Mitgefühl mit dem großen Leid anderer mit Offenheit und sogar mit allgemeiner Zufriedenheit. Tatsächlich geben viele Menschen nach derlei Schicksalsschlägen an, sich in ihrer Persönlichkeit verbessert zu haben, sich stärker und selbstbewusster zu fühlen. Selbst auf das Beziehungsleben der Betroffenen wirken sich Katastrophen und Unfälle aus – sie erleben danach gesteigerte gegenseitige Wertschätzung und insgesamt ein intimeres Zusammensein (siehe Kapitel *Gefühlsverirrung*).

Für die Untersuchung rekrutierten Forscher ca. sechs Monate nach dem 11. September 2001 Teilnehmer für ihre Studie. Die Stichprobe bestand aus 2752 New Yorkern, ein bisher unvergleichlich großes und vielfältiges Spektrum möglicher Traumaerfahrungen.

Das Ergebnis zeigt: Desaster fördern die psychische Gesundheit. Nach einem ersten Schock oder Trauma erlangen die Betroffenen überraschend schnell wieder psychische Gesundheit. Und – Paradoxie-Overload – derlei traumatisch Geschlagene sind danach sogar glücklicher als Nichtbetroffene. Traumatisierte entwickeln ein »besseres Leben« als nicht traumatisierte Menschen – eine Art Traumaglück. Leid ist nicht das, was es zu sein scheint, sondern eher ein probates Mittel gegen die Banalität des Alltäglichen. Gefühle und Stärke entstehen, Selbstvertrauen wird gestärkt und Sinn- und Wertverständnis gestiftet.

In der Forschung nennt man das »posttraumatisches Wachstum«, also eine positive Veränderung, die nach schweren Lebenskrisen auftritt. Im Prinzip beschreibt dies den paradoxen psychischen Mechanismus, bei dem ein Trauma mit Optimismus zusammenhängt. Je traumatischer das Ereignis, desto wahrscheinlicher fühlt der Betroffene sich danach offener und extrovertierter. Hohe Traumawerte korrelieren mit einer künftigen optimistischen Lebensanschauung. Dieser Mechanismus soll dazu dienen, die eigene psychologische Realität an die ernüchternde aktuelle Situation anzupassen. Alte Lebensweisen werden abgestreift und durch neue, robuste, sichere und realitätskonformere abgelöst.

Dies ist wohl auch der Mechanismus, der dafür sorgt, dass der Mensch erträgt, was eigentlich nicht zu ertragen ist. Lebte der Mensch in einem Trauertal, er hielte es für ein Himmelsreich. Der Mensch trinkt in der Unterwelt das süße Ambrosia posttraumatischen Wachstums. So bespaßt sich der Mensch permanent mit den Tragödien des Lebens und ergötzt sich an der Unentrinnbarkeit des Schicksals.

Wie verheißungsvoll: Epidemiologische Studien deu-

ten darauf hin, dass jedem innerhalb seines Lebens mindestens ein potenziell traumatisches Ereignis widerfährt.

Quelle: Bonanno, George A./Galea, Sandro/Bucciarelli, Angela/Vlahov, David (2006): *Psychological Resilience After Disaster. New York City in the After-
math of the September 11th Terrorist Attack*, in: *Psychological Science*, 17(3),
S. 181–186.

Gefühlsblindheit

Wie leicht man Angst mit Liebe verwechselt.

Aber wenigstens Gefühle sind doch etwas Unmittelba-
res, oder? Wie kann man sich in seinen Gefühlen irren?
Selbst das bekommt der Mensch hin! Der Mensch ist
ein Antisuperheld – nicht übermenschliche Superkräfte
zeichnen ihn aus, sondern allzumenschliches Superun-
vermögen. Der Mensch weiß noch nicht mal, warum er
fühlt, wie er fühlt. Emotionaler Blindgang ist der Normalfall – sogar in einer Herzensangelegenheit wie der
sexuellen Anziehungskraft!

Genau dies testeten Forscher in einem wirklich gewitzten Experiment. Die Forscher platzierten eine Interviewerin an das Ende einer schmalen, hohen und
wackeligen Hängebrücke und beauftragten sie damit,
möglichst alle Männer, die die Brücke nutzten, zu befragen. Darüber schickten sie dann eine Gruppe von
Probanden. Nach der Befragung bat sie jeden Teilnehmer darum, sie für weiterführende Gespräche am
Abend telefonisch zu kontaktieren und überreichte ihnen ihre Telefonnummer. Abends am Telefon sollten

sie dann ein Foto interpretieren. Ein Teil der insgesamt 85 männlichen Probanden musste zusätzlich über eine breite und stabile Brücke gehen, die nur ein paar Meter über dem Boden verlief. Auch dort wartete am Ende eine nette Interviewerin, die um einen Anruf bat. Außerdem reichte man den Männern eine Fotoszene mit der Bitte, sich dazu eine kleine Hintergrundgeschichte auszudenken.

Rund 50 Prozent der Männer, die man nach der gefährlichen Hängebrücke befragt hatte, meldeten sich telefonisch zurück. Von den Befragten der sicheren Brücke meldeten sich nur 12,5 Prozent. Die Fotointerpretationen der Männer von der gefährlichen Brücke enthielten doppelt so häufig sexuelle Anspielungen.

Kurz: Die Probanden verwechselten ihre Gefühle. War es die Brücke oder die Frau? Sie hielten die ängstliche Erregung, die die gefährliche Brücke ausgelöst hatte, für sexuelle Erregung. Die Aufregung machte sie begierig und flirtwillig; ohne, dass ihnen klar gewesen wäre, dass es sich ihrerseits gar nicht um ein amouröses Interesse an der Frau handelte. Die Information über den emotionalen Ursprung ist so verschlüsselt, dass der Mensch sie nicht dechiffrieren kann. Sie leisten sich eine Falschzuschreibung der Erregung, wie das die Forscher nennen. Die durch Angst oder erhöhte Aufregung ausgelöste Erregung wurde als sexuelles Interesse missverstanden.

Eine andere Forschergruppe unternahm einen Laborversuch, in dem jeder der Probanden zunächst davon ausging, im Namen der Forschung Elektroschocks zu bekommen. Dazu überreichte man den männlichen Probanden eine Broschüre, die ziemlich anschaulich die Effekte eines Elektroschocks beschreibt.

Während dann die Versuchsleiter die Prozedur erklärten, saßen die männlichen, ledigen Probanden jeweils neben einer von den Forschern angeleiteten Schauspielerin selben Alters, die vorgab, ebenfalls als Versuchsperson teilzunehmen. Einem Teil der insgesamt 40 Probanden wurde ein sehr schmerzhafter Elektroschock in Aussicht gestellt, der anderen Hälfte nur ein harmloses »Kribbeln«. Natürlich wurden keine echten Elektroschocks verabreicht, sondern die Probanden sollten nur mit der Androhung in ängstliche Erregung versetzt werden. Stattdessen war ein Fragebogen auszufüllen, während die Versuchsleiter für den Probanden sichtbar und glaubhaft, aber nur zur Show, einen Elektroschocker vorbereiteten.

Im Fragebogen sollten die Probanden unter anderem auf einer Skala von eins bis fünf angeben, wie sehr sie sich zu der Schauspielerin hingezogen fühlten. Die Frage war durch die Blume gestellt, nämlich, wie gerne der Proband seine (Fake-)Mitprobandin ausfragen würde. Außerdem mussten die Probanden dasselbe Bild interpretieren wie die Teilnehmer der Brücken-Studie. Weiterhin fragte man danach, wie sehr sie den bevorstehenden Schock fürchteten. Die Probanden, denen man einen schmerzhaften Schock versprach und die sich deshalb fürchteten, fühlten sich durchschnittlich sehr viel stärker angezogen von den weiblichen Teilnehmerinnen als die Vergleichsgruppe. Auch beinhalteten ihre Bildinterpretationen sehr viel öfter sexuelle Metaphorik. Sie verwechselten die Angst vor der Schockbehandlung der Forschung mit dem Herzschlag der Romantik.

Für jeden Erregungszustand sucht das Bewusstsein quasi automatisch eine Erklärung. Die Probanden wiesen diesem Zustand allzu schnell etwas Angenehmes in ihrer unmittelbaren Umgebung zu. Am liebsten wählt man andere Menschen als Quelle von Erregungszuständen, besonders wenn man jung, ledig und männlich ist.

In einer anderen Studie konnten Forscher zeigen, wie Angst den Kunstgeschmack verbessert. Bevor 85 Versuchspersonen die Qualität eines abstrakten Kunstwerks bewerten durften, mussten sie entweder eine kurze Filmsequenz eines Horrorfilms, einen Ausschnitt einer Komödie sehen, 15 Hampelmänner machen, unangenehme 30 Hampelmänner vollführen oder nichts tun. Das Ergebnis zeigt, dass die Horrorfilmgruppe das abstrakte Gemälde besser bewertete als die anderen. Gruselgefühle und Furcht verschönern Kunst. Je gruseliger der Film, desto besser gefiel den Versuchpersonen die Kunst, desto besser bewerteten sie deren Qualität. Gänsehautfeeling machte die Probanden offenbar feinfühliger. Wieder wurden Gefühle verwechselt – Furcht führt, im übertragenen Sinne, zu Kunstliebhaberei.

Quelle: Dutton, Donald G./Aron, Arthur P (1974): *Some evidence for heightened sexual attraction under conditions of high anxiety*, in: *Journal of Personality and Social Psychology* 30, S. 510–517.
Eskine, Kendall J./Kacinik, Natalie A./Prinz, Jesse J. (2012): *Stirring images: Fear, not happiness or arousal, makes art more sublime*, in: *Emotion*

Paar-Syndrom

Ist Liebe eine Form der Geiselnahme?

Ist es wirklich der Partner, den man liebt, oder liebt man nicht doch eher das, was der Partner einem ermöglicht? Gerade am Anfang einer Beziehung unternehmen beide Seiten alles, um attraktiv auf das Gegenüber zu wirken. Doch ist es wirklich der Partner, in den man sich verliebt?

Ein Forscher stattete 20 Liebespaare eine Woche lang mit einem mobilen PDA-Computer, dem Palm Zire m100, aus, der mit Fragen vollgestopft war. Dieses Gerät meldete sich nach einem Zufallsschema regelmäßig zwischen 8 Uhr morgens und 22 Uhr abends mit einem Signal – Befragungszeit.

War dies der Fall, mussten die Probanden ihre aktuelle Tätigkeit unterbrechen und einen Bericht an den Forscher senden, in dem sie beschrieben, wie sie sich wann wo fühlten und wie sie die aktuelle Beziehungsqualität beurteilten. Außerdem mussten sie sehr ausführlich ihre jeweiligen Aktivitäten beschreiben und angeben, mit wem sie diese Tätigkeit gerade unternehmen. Siebenmal am Tag, insgesamt 49 Mal mussten die Partner jeweils Fragen beantworten, ohne miteinander darüber zu reden.

Die Auswertung ergab, dass die Probanden sich ihrem Partner tendenziell näher fühlten, ihn anziehender fanden und insgesamt verliebter waren, wenn sie sich gemeinsam oder einzeln herausfordernden, schwierigen oder aufregenden Aktivitäten stellten. Dahinter steckt aber keine wirkliche Liebe, sondern eine Falschzuschreibung der Emotionen. Die Aufregung während eines Umzugs oder eines Wochenendweiterbildungskurses etc. wird falsch zugeordnet. Sie wird fälschlicherweise der anwesenden Person zugesprochen. Die Häufigkeit stimulierender Neuheiten in einer Beziehung bestimmt die Qualität der Beziehung, nicht die Qualität der Beziehung oder die Aktivität.

Wahre Liebe gibt es wahrscheinlich nur zu zweit in einer extrem reizarmen, isolierten Dunkelzelle, frei von Schicksalsmächten – natürlich freiwillig. Nicht Liebe schweißt zusammen, sondern die Hitze des Gefechts, Grenzen überschreitende Erfahrungen, die Basisemotionen wecken. So manche Beziehung wirkt nicht ganz zufällig wie eine romantische Version des Stockholm-Syndroms, dem bekannten Phänomen, dass Geiseln positive emotionale Gefühle zu ihren Entführern entwickeln.

Der Mensch leidet unter einer fatalen Fehlsichtigkeit, die ihn daran hindert, die gegenseitige Zuneigung so stark zu spüren, wie sie wirklich ist – die Umkehrung der umgangssprachlichen rosaroten Brille. Ein fehlerhaftes Zuneigungsbewusstsein entspricht hier umgekehrt einem fehlerhaften Realitätsbewusstsein.

Quelle: Graham, James M. (2008): *Self-expansion and flow in couples' momentary experiences: An experience sampling study*, in: *Journal of Personality and Social Psychology* 95, S. 679–694.

Wiederholung verbindet.

Nicht Menschen, die wir mögen, sehen wir oft, sondern wir mögen Menschen, die wir oft sehen. Regelmäßiges Sehen steigert automatisch die Sympathie, ohne dass uns dies bewusst wird. Nicht die Charaktereigenschaften einer Person nehmen uns für sie ein, sondern alleine die wiederholte Begegnung.

In einem Experiment nahmen vier eingeweihte weibliche Personen entweder 0, 5, 10 oder 15 Unterrichtsstunden an einer großen, sehr anonymen Massenuniversitätsvorlesung teil, ohne sich zu melden oder sonst mit anderen Teilnehmern zu interagieren. Die vier Frauen entsprachen in Alter und Aussehen den typischen Universitätsstudenten. Sie folgten immer demselben Drehbuch: unauffälliges Warten vor dem Hörsaal, zügiges Betreten des Saals, gut sichtbar in den vorderen Reihen sitzen, dem Vortrag lauschen und Notizen machen, Verlassen des Hörsaals durch die Hintertür, wenige Minuten nach der Vorlesung.

Am Ende des Semesters zeigten die Forscher den Studenten Fotos der Frauen in einer Diashow und fragten danach, welche der vier ihnen am sympathischsten, vertrautesten, ähnlichsten, attraktivsten usw. sei. Den Studenten sagte man, es handle sich um eine Befragung im Zuge einer wissenschaftlichen Untersuchung zu einem anderen Thema. Das Ergebnis: Je häufiger diese Frauen die Vorlesung besucht hatten, desto sympathischer und attraktiver erschienen sie den Vorlesungsteilnehmern – übrigens beiden Geschlechtern gleichermaßen.

Allein die Häufigkeit der Anwesenheit der Versuchsperson verzerrte die Wahrnehmung der Teilnehmer. Sichtbarkeit erhöht die Sympathie unmittelbar. Das heißt, die bloße Begegnung führt zu zwischenmenschlicher Anziehung, vielleicht sogar Romantik (meinen die Forscher), ganz platt und unromantisch. Nicht alleine die Eigenschaften bestimmen, mit wem wir uns anfreunden, sondern im ganz großen Maß auch die Häufigkeit passiven Zusammentreffens. Regelmäßige zufällige Begegnungen ohne jegliche Interaktion genügen schon, um sich einander freundschaftlich nahe zu fühlen, wenn es dann zu einem richtigen Kontakt kommt. Tatsächlich gehen die Forscher davon aus, dass häufige Begegnungen unterhalb der Schwelle des Bewusstseins und der Erinnerung die Erklärung dafür liefern könnten, warum romantische Beziehungen so oft so schnell und auf fast unerklärliche Weise beginnen: Der Liebe auf den ersten Blick gehen viele unbewusste Blicke voraus! Der Seelenverwandte hatte also nur eine Chance, weil er oft genug dieselben Wände beseelte oder den Weg kreuzte.

Bei einem anderen Experiment wurde Probanden eine Reihe chinesischer Schriftzeichen gezeigt. In dieser Reihe waren einzelne Schriftzeichen bis zu 25 Mal wiederholt, ohne dass die Probanden davon etwas bewusst bemerkten. Im Anschluss bat man darum, zu erraten, ob es sich ihrer Meinung nach bei den verschiedenen Schriftzeichen jeweils um ein Schriftzeichen mit einer positiven Bedeutung handelte oder nicht. Die Schriftzeichen, die man in der Reihe öfter gezeigt hatte, wurden durchschnittlich positiver bewertet. Wiederholung macht selbst fremdsprachige Schriftzeichen liebenswürdig. Derselbe Mechanismus könnte auch erklären, warum im Prinzip immer alle das Gleiche gut finden – Autos, Mode, Musik.

Quelle: Moreland, Richard L./Beach, Scott R. (1990): *Exposure effects in the classroom: The development of affinity among students*, in: Journal of Experimental Social Psychology 28, S. 255–276.
Zajonc, Robert B. (1968): *Attitudinal Effects of mere Exposure*, in: *Journal of Personality and Social Psychology* 9, S. 1–27.

Die dunkle Variante der Liebe auf den ersten Blick

Wir lieben die Vordrängler und lassen uns leiten vom ersten Blick.

Wir glauben an das Besondere, an Liebe auf den ersten Blick. Das Kapitel *Immer-wieder-Sehen = Immer-mehr-Mögen* zeigt, dass es wohl eher der n + 1 Blick ist, der uns zu Freunden macht. Aber es gibt noch eine andere, nicht romantische Liebe auf den ersten Blick – die Tatsache, dass wir alles gut finden, worauf unser Blick als Erstes fällt.

Wir hätten gern alles der Reihe nach, alles zu seiner Zeit. Das Vermaledeite daran ist, dass die erste Erfahrung von mehreren tatsächlich in unseren Gedanken bevorzugt wird. Der Mensch ist »einfäl(l)tig«, den ersten Fall, den er wahrnimmt, mag er auch. Die Nummer eins ist immer unsere Nummer eins – ohne dass wir es bemerken.

Aber von vorn: Gern glauben wir daran, die Welt als Ganzes zu erfassen. Doch wir nehmen nicht gleichzeitig wahr, sondern in einer Reihenfolge, seriell, wie die Wissenschaftler sagen. Dies ist der Grund, warum wir immer wieder den Vordränglern und nimmermüden Händeschüttlern verfallen, denn wen wir zuerst sehen, den mögen wir sehr wahrscheinlich auch. Aber wie funktioniert das?

Was zum ersten Mal erlebt wird, bleibt besser in Erinnerung, beeinflusst uns stärker und erzeugt eine bessere Verbindung. Wie ein Küken, das dem ersten belebten oder unbelebten Objekt folgt, das ihm nach der Geburt begegnet, folgen wir dem, was wir zuerst hören oder sehen.

In zwei einfachen Versuchen konnte dies bewiesen werden. 207 Versuchsteilnehmern präsentierte man nacheinander jeweils zwei Kaugummisorten. Die erste Hälfte der Probanden musste sofort nach der Darbietung entscheiden, welche Sorte sie bevorzugt, während die zweite Gruppe genügend Zeit zur Verfügung hatte, ihre Entscheidung abzuwägen – grundsätzlich unterschieden sich die beiden Kaugummisorten jedoch weder in Qualität noch im Aussehen. Die erste Probandengruppe entschied sich überwiegend für den Kaugummi, den man ihr zuerst präsentierte. In der zweiten Gruppe war es eine 50/50-Sache. Dieses Phänomen unterdrückt zwar nicht alle anderen Überlegungen, mit gründlicher Überlegung schwächt sich der Effekt ab, er verzerrt die Entscheidungen aber erheblich. Je schneller die Entscheidung, desto stärker die Wirkung des ersten Eindrucks.

Doch nicht nur alltägliche Konsumentscheidungen sind von diesem Effekt betroffen. In einem weiteren Experiment zeigten Wissenschaftler 31 Probanden Fotografien zweier echter Krimineller mit der Bitte zu entscheiden, welchen der beiden man eher wohl auf Bewährung freilassen würde – eine folgenschwere Entscheidung im realen Leben.

Die Fotos hatte man in einem komplizierten Auswahlverfahren so gewählt, dass sie in Kleidung, Attraktivität und Gesichtsausdruck quasi hundertprozentig übereinstimmten – lediglich die Art der Präsentation unterschied sich. Auch hier bevorzugten die Probanden automatisch denjenigen Kriminellen, den man ihnen zuerst zeigte. Selbst in einer derartig schwerwiegenden Frage zeigte sich diese dunkle Variante der Fixierung auf den ersten Blick.

Die Forscher vermuten, dass dieses Verhalten evolutionär bedingt ist. Wahrscheinlich steckt dahinter die angeborene Bereitschaft, sich an die eigene Mutter oder Familie zu binden, eben an das, was uns auch als Erstes begegnet. Daraus entstand dann über die Zeit eine tief verwurzelte Präferenz für das Erstbeste.

Quelle: Carney, Dana R./Banaji, Mahzarin R. (2012): *First Is Best*, in: *PLoS One* 7, S. e35088.

Unglückliche Doppelgänger

Wir bestrafen Menschen wegen ihrer Ähnlichkeit mit einem Täter.

Es sind die inneren Werte, die wir hochhalten, doch die Äußerlichkeiten, nach denen wir uns richten. Der Mensch ist zutiefst oberflächlich und so angelegt, dass das Aussehen bzw. das Gesicht einer Person die Meinung über sie bestimmt. Der Hang zum Oberflächlichen greift so tief, dass er automatisch maßgeblichen Einfluss auf die Beurteilung unseres Gegenübers hat.

Wissenschaftler präsentierten 98 Probanden Fotos von zwei unbekannten Gesichtern. Zu einem der Gesichter lieferten die Forscher zusätzlich negative, zum anderen Gesicht positive Informationen. Die Forscher konstruierten außerdem mit Hilfe eines Computerprogramms – das Verfahren nennt man Morphing – künstliche Gesichter, die jeweils zur Hälfte Merkmale eines dieser beiden Gesichter aufwiesen. Das heißt, ein Teil der Morphe mutete zu 50 Prozent wie das Originalgesicht an, zu dem die Probanden negative Infos bekommen hatten, der andere Teil der Morphe bestand zu 50 Prozent aus Merkmalen des Originalgesichts, zu dem die Probanden positive Infos erhalten hatten.

Diese Morphe zeigte man dann den Probanden nacheinander auf einem Computerbildschirm. Nach jedem der gemorphten Gesichter spielten die Forscher ein Wort ein, zu dem die Probanden schnellstmöglich per Tasteneingabe beurteilen sollten, ob es eine negative oder positive Bedeutung habe. Die Reaktionszeit, mit der die Probanden die Bedeutung zuwiesen, nahmen die Forscher als Anhaltspunkt dafür, ob sie die Gesichter als positiv oder negativ wahrnahmen. Direkt danach zu fragen wäre nicht zielführend, da niemand gerne zugibt, aufgrund von Gesichtern Werturteile zu Personen abzugeben. So ist man als Forscher undercover tätig.

Das Ergebnis zeigt, dass die Latenzzeit bei einem

Wort dann am kürzesten war, wenn die Wortbedeutung der Wertung des zugrundeliegenden Originalgesichts entsprach. Diese Gesichter wurden quasi automatisch als negativ oder positiv wahrgenommen. Obwohl die Morphs nur zur Hälfte dem Original entsprachen, glichen sich die Bewertungen von Morph und Original. Minimale Ähnlichkeit reichte aus.

Ein unbekanntes Gesicht beurteilen wir automatisch nach bekannten Gesichtern. Erinnert uns ein unbekanntes Gesicht minimal an ein bekanntes Gesicht, dann reagieren wir darauf wie auf das bekannte Gesicht, ganz unbewusst und ohne Absicht. Sieht zum Beispiel eine unbekannte Person einem bekannten Gangster ähnlich, nehmen wir die unbekannte Person dementsprechend negativ wahr. »Schuldig aufgrund von Ähnlichkeit«, nennen die Forscher dies und beweisen damit unsere Oberflächlichkeit. Wissenschaftlich ungetestet, aber möglich wäre auch, dass selbst Merkmale wie die Stimme diesen Effekt auslösen. Das Phänomen kann auch erklären, warum man manche Menschen unsympathisch findet, ohne sie wirklich zu kennen. Irgendwie mag man bestimmte Leute eben einfach nicht und will sie auch gar nicht kennenlernen.

Quelle: Gawronski, Bertram/Quinn, Kimberly A. (2012): *Guilty by Mere Similarity: Assimilative Effects of Facial Resemblance on Automatic Evaluation*, in *Journal of Experimental Social Psychology* 48, S. 1–9.

Lachmaske

»Siehst du die Hübsche da? Ja? Die flirtet mich die ganze Zeit an«!

Die Leute lächeln. Immer, denn unser Geist lässt uns glauben, dass wir stets nur angelächelt werden. Tatsächlich sind wir darauf ausgelegt, zu glauben, lächelnde Gesichter sehen uns an. Das Gegenteil gilt für wütende Gesichter – unser Denkapparat verpasst der Realität eine Zwangsmaske des Lächelns. Egal wie tragisch unser Leben ist, die weinende Maske wie im Theater – wir sehen sie nicht.

Forscher konnten das ganz einfach nachweisen. 52 Versuchspersonen präsentierte man auf einem Computer nach und nach dreidimensionale Modelle von Gesichtern mit verschiedenem Gesichtsausdruck, darunter Wut, Glück, Angst oder ein neutrales Pokerface. Die Forscher konnten die Gesichter so positionieren, dass sie entweder frontal zu den Versuchspersonen zeigten oder stufenweise um -8°, -6°, -4°, -2°, 2°, 4°, 6° oder 8° nach links und rechts von ihnen wegblickten – insgesamt also aus neun verschiedenen Blickwinkeln. Zu jedem Bild bat man die Versuchspersonen um eine Beurteilung, ob und in welchem Maße das gerade gezeigte Bild auf sie gerichtet sei. Die Auswertung ergab, dass Gesichter mit positiven Zügen durchschnittlich sehr viel häufiger so empfunden wurden, als wären sie auf einen selbst gerichtet, als ängstliche und wütende Gesichter. Nur neutrale Gesichter konnten akkurat eingeschätzt werden – hier wissen wir, ob wir tatsächlich angeblickt werden. Kurz: Auf wundersame Weise geraten wir nur mit lächelnden Gesichtern in Augenkontakt.

Ein wirklich interessanter Fehler, sind doch die Blicke und der Gesichtsausdruck anderer Menschen für das Verstehen ihrer Absichten von wesentlicher Bedeutung. Theoretisch dienen sie dazu, zukünftiges Verhalten anderer Menschen zu erahnen. An der Blickrichtung erkennen wir etwa, ob jemand unsere Aufmerksamkeit sucht. Aus dem Gesichtsausdruck lesen wir den motivationalen Zustand eines Gegenübers ab. Ein fröhliches Gesicht bedeutet beispielsweise eine wohlwollende Haltung. Blickrichtung und Mimik kombiniert liefern uns alle emotional relevanten Informationen – nur leider funktioniert das offenbar nicht. Beides ist für den Menschen parallel kaum korrekt wahrnehmbar.

Wir gehen automatisch davon aus, dass glückliche Gesichter auf uns gerichtet sind. Wahrscheinlich, so die Forscher, werden wir auf diese Weise überlistet, mit anderen Menschen Kontakt aufzunehmen, was schließlich die Wahrscheinlichkeit erhöht, potenzielle Partner kennenzulernen. Auch nehmen wir dadurch an, niemand sehe uns wütend an. Nun ja, auch ein trauriges Smiley nennt man halt immer noch Smiley.

Quelle: Lobmaier, Janek S./Hartmann, Matthias/Volz, Andreas J./Mast, Fred W. (2012): *Emotional expression affects the accuracy of gaze perception*, in: *Motivation and Emotion*.

Die Ignoranzkette

Der Mensch will es gar nicht besser wissen.

Je beunruhigender die Situation, desto eher wird man zum dummen Schaf, das einem Hirten vertraut. Statt sich für ein unbekanntes Thema zu interessieren und sich darüber zu informieren, kultiviert man die Angst vor diesem Thema. Unwissen und falsche Überzeugungen können zu Fehlentscheidungen führen, die in der Summe die Fähigkeit einer Gesellschaft mindern, ihr Schicksal zum Besseren zu wenden. Aus diesem Grund ist es wichtig, Wissenslücken engagiert zu schließen. Doch Dummheit durch Lernen zu mindern, genau dazu ist der Mensch unfähig. Je wichtiger Eigenbemühungen werden, desto eher vergibt man diese an Dritte. Psychologisches »Outsourcing« nennen es die Forscher, wenn Menschen die Verantwortung auslagern.

Statt kritisch nachzufragen, neigt der Mensch dazu, den Status quo zu rechtfertigen und zu legitimieren. Man wird automatisch toleranter gegenüber den herrschenden Verhältnissen und unwillig gegenüber denen, die diese kritisieren. Noch mehr – man vermeidet aktiv, mehr über dieses Thema zu lernen. Denn das so erworbene Wissen gefährdet das Vertrauen in die Regierung. In fünf bahnbrechenden Experimenten konnte man den zugrunde liegenden Mechanismus entlarven – ein psychologischer Automatismus wie ein Teufelskreis.

Zusammengefasst beinhalteten die Experimente Folgendes: Insgesamt 512 Versuchsteilnehmer unterteilten die Forscher in zwei Gruppen. Die eine Gruppe musste eine komplizierte, für Otto Normalverbraucher unverständliche Problemstellung lesen, die andere eine leicht verständliche, einfach geschriebene zum Thema Energiepolitik. Die Aussage der beiden Texte war inhaltlich gleich, lediglich in ihrer Verständlichkeit unterschieden sie sich.

Als Nächstes bat man die Probanden darum, zu beurteilen, wie gut die aktuelle Regierung mit diesem Problem umgehe bzw. wie groß das Vertrauen diesbezüglich in die aktuelle Regierung sei.

Des Weiteren bat man die Probanden darum, das Verhältnis zwischen Regierung und Volk symbolisch und bildlich zu beurteilen. Dazu sollten die Probanden zwischen karikativen Darstellungen wählen, die von einem Ausnutzungs- über ein Abhängigkeits- bis hin zu einem Vertrauensverhältnis reichten.

Am Schluss eröffnete man den Probanden die Möglichkeit, mehr über das Problem zu erfahren und so ihr Wissen zu erweitern – man fragte danach, ob die Probanden bereit wären, weitere Artikel darüber zu lesen. Außerdem konfrontierte man die Probanden konkret mit Titeln von Artikeln, die entweder darauf schließen ließen, dass (a) der Inhalt nichts mit dem Thema zu tun hat, (b) die aktuelle Regierungspolitik kritisierten oder (c) stützten.

Das Ergebnis ist erschreckend, denn die Probandengruppe, die einen unverständlichen Text las, vertraute der aktuellen Regierung mehr, schätzte des Verhältnis zwischen Regierung und Volk positiver ein und hatte am wenigsten Interesse daran, sich weiter darüber zu informieren. Je unwissender die Probanden waren, desto konsequenter vermieden sie weiterführende Informationen. Und von den Artikeln wählten sie vor allem diejenigen, die nichts mit dem Thema zu tun hatten.

Diejenigen Teilnehmer, die am meisten Unwissenheit über die Wirtschaft spürten oder sich am meisten von den Folgen betroffen fühlten, auch das fragte man zur Kontrolle nach, wechselten in den treudoofen Schäfchenmodus. Die Ergebnisse liefern den Beweis dafür, dass sich Ignoranz selbst vermehrt. Der Mensch will halb klug bleiben.

Quelle: Shepherd, Steven/Kay, Aaron C. (2012): *On the Perpetuation of Ignorance: System Dependence, System Justification, and the Motivated Avoidance of Sociopolitical Information*, in *Journal of Personality and Social Science* 102, S. 264–280.

Korrekturresistenz

Widerspruch bestärkt uns in unserer Meinung.

Aber man kann sich ja irren! Wenn man seinen Irrtum erkennt, ändert man eben seine Meinung oder sein Verhalten. Doch leider funktioniert das nicht so einfach. Wenn die tiefsten Überzeugungen durch widersprüchliche Informationen in Frage gestellt werden, verstärken sich diese falschen Überzeugungen sogar.

Eifrige Forscher fälschten in einem Experiment Zeitungsartikel zu strittigen politischen Themen. Die Artikel waren so realitätsgetreu gestaltet wie möglich und enthielten viele Textausschnitte aus tatsächlichen Zeitungsartikeln. Nachdem die 130 Probanden den gefälschten Artikel gelesen hatten, überreichte man ihnen den korrekten Artikel, der den offensichtlichen Fehler der ersten Version korrigierte. Der erste Artikel berichtete über Massenvernichtungswaffen im Irak. Der zweite darüber, dass derlei Massenvernichtungswaffen nie gefunden wurden, was, ganz nebenbei, der Wahrheit entspricht. Danach befragte man die Probanden, für wie glaubwürdig sie die Artikel jeweils hielten.

Die Kriegsbefürworter unter den Probanden akzeptierten den Inhalt des manipulierten Artikels, die Kriegsgegner hingegen akzeptierten nur den zweiten Artikel. So weit, so bekannt, glauben wir doch eher den Quellen, die uns nach dem Sinn reden. Erschreckend ist, was die widersprüchliche Informationslage bei den Versuchspersonen auslöste. Anzunehmen wäre ja, dass sich die Probanden nun zumindest generell etwas unsicherer zeigen würden. Aber genau das Gegenteil war der Fall.

Nach der Lektüre des korrigierenden Artikels waren sich die Kriegsbefürworter unter den Probanden noch sicherer, dass es im Irak Massenvernichtungswaffen gibt. Sie verstärkten ihre ursprüngliche Überzeugung, obwohl die Informationslage Zurückhaltung gebot. Die Überzeugungen der Versuchspersonen erfragten die Forscher jeweils einmal vor und einmal nach dem eigentlichen Experiment. Versuchspersonen, die keine Meinung zu getesteten Themen besaßen, zeigten keine solche Tendenz.

Was bedeutet, dass man falsche Überzeugungen nicht korrigieren, sondern nur fördern kann. In diesem Sinne sind Uninformierte besser dran als Fehlinformierte, denn die können sich wenigstens nicht noch weiter in Ungereimtheiten verstricken. Jede Gegendarstellung verfestigt die ursprüngliche Überzeugung. Das, was sich als falsch erweist, wollen wir noch intensiver glauben.

Für eine weitere Studie baten die Forscher ihre 91 Probanden um eine Speichelprobe. Man überreichte den Probanden einen Teststreifen/Testapplikator mit der Bitte, die Speichelprobe damit selbstständig zu entnehmen und das Ergebnis anschließend zu notieren, wobei man sie heimlich filmte. Der einen Hälfte der Probanden erzählte man, dass sich der Teststreifen bei Kontakt verfärbt, wenn sie unter einer schrecklichen Enzymkrankheit erkrankt seien. Der anderen Hälfte erklärte man, sie seien vollkommen gesund, würde sich der Teststreifen verfärben. In Wirklichkeit misst der Teststreifen aber überhaupt nichts, sondern verfärbt sich einfach. Auf diese Weise konnten die Forscher die Versuchspersonen mit einer Situation konfrontieren, die eindeutig entweder gut oder schlecht ist. Interessanterweise dauerte es bei der ersten Probandengruppe viel länger, bis sie sich sicher waren und das Ergebnis notierten. Rund 52 Prozent wiederholten den Test sogar mit einem weiteren Teststäbchen. Die zweite Hälfte der Probanden hingegen wartete nur kurz, bis sie das Ergebnis notierte. Nur wenige Probanden aber testeten erneut, um wirklich sicher zu sein, ob ihnen das Ergebnis in den Plan passte. Das ist wohl die wirkliche Begründung, warum man sich so gerne Bedenkzeit erbittet.

Betreffen Informationen Menschen negativ, reagieren sie sehr viel kritischer. Sie zerpflücken die Realität regelrecht, auf der Suche nach möglichen Fehlern – ohne zu merken, dass sie selbst der eigentliche Störfaktor sind.

Dieses Phänomen könnte man auch als »Diktatur bereits gemachter Schlussfolgerungen« bezeichnen, die aus Realität Fiktion macht und aus Fiktion Realität – also die Wahrnehmung auf den Kopf stellt. Wie sagt man doch so schön: »Ich lasse mir von der Realität doch nicht vorschreiben, was ich wahrnehme.«

Quelle: Nyhan, Brendan/Reifer, Jason (2010): *When Corrections Fail: The persistence of political misperseptions*, in: *Political Behavior* 32, S. 303–330.
Quelle: Ditto, Peter H./Lopez, David F. (1992): *Motivated Skeptizism: Use of Differential Decision Criteria for Preferred and Nonpreferred Conclusions*, in: *Journal of Personality and Social Science* 63, S. 568–584.

Informationsfilter

Der Mensch will einfach nicht hören.

Man kauft gerne die Zeitung, die die eigene Sichtweise vertritt, und meidet diejenige Zeitung, die diese bezweifelt. Der Mensch nimmt seine Umwelt selektiv wahr. Gerade so, als wäre die Wahrheit ein Supermarkt, in dem er beliebig die für ihn am leichtesten zu verdauenden Realitäten aus dem entsprechenden Paradigma-Regal oder den Denkschubladen nimmt. Wenig Bekömmliches straft er damit, dass er diese Betrachtungsweisen der Wahrheit eben einfach nicht »abkauft« – Meinungsshopping. Kurz: Das Bewusstsein ist ein riesiger, automatischer Informationsfilter, der dafür sorgt, dass wir stets nur zuhören, wenn unsere Meinung bestätigt wird.

Ein tolles Experiment kann das auf überraschende Weise nachweisen. Wissenschaftler spielten 112 Versuchsteilnehmern Tonbandaufnahmen vor, in denen das Christentum kritisiert und die negativen Folgen des Rauchens besprochen wurden. Ferner wurde das Band durch externe Signale gestört, so dass einige Passagen durch Knistern und Rauschen unverständlich waren. Die Zuhörer hatten die Möglichkeit, diese Störungen jederzeit per Knopfdruck zu reduzieren, so dass die Nachricht leichter zu verstehen war. Anschließend befragte man die Probanden ausführlich über ihren Glauben und ihren Lebenswandel; unter anderem danach, wie viele Zigaretten sie durchschnittlich rauchten und wie oft sie beteten. Schließlich verglichen die Forscher die Ergebnisse: Während die Atheisten (Nichtraucher) unter den Probanden eifrig darum bemüht gewesen waren, die Störungen zu beseitigen, unternahmen die religiösen Probanden (Raucher) sehr häufig nichts gegen die Störungen. Der Mensch hört nicht gern, was ihm gegen den Strich geht – wortwörtlich und mal wieder, ohne dass es ihm bewusst wird. Er ist sein eigener Wirklichkeitsverzerrer.

Quelle: Brock, Timothy C./Balloun, Joe L. (1967): *Behavioral receptivity to dissonant information*, in: *Journal of Personality and Social Psychology* 6, S. 413–428.

Gedanken-Monogamie

EINE Meinung genügt uns völlig.

Wenn wir Vor- und Nachteile beurteilen, legen wir uns quasi sofort auf eine Sichtweise fest. Selbst dann, wenn uns bewusst ist, dass es noch eine andere gleichermaßen der Berücksichtigung würdige Sichtweise gibt. Weil er sich stets sofort an die erstbeste Meinung klammert, als sei es der letzten Weisheit Schluss, streitet der Mensch mehr, als er offen diskutiert. Der Wahrheit dient dieser zwanghafte Tick nicht. Forscher schilderten 543 Versuchspersonen sechs juristische Streitfälle mit völlig identischen Informationen zu vorbenannten Fällen. Im Anschluss teilte man die Probanden in drei Gruppen ein. Das erste Drittel hörte jeweils das Statement des Klägeranwalts, das zweite Drittel jeweils das Statement des Anwalts des Beklagten. Die Kontrollgruppe, das letzte Drittel, hörte beide Statements. Die Forscher fragten hinterher, für wie glaubwürdig sie die jeweilige Geschichte hielten und wie sicher sie sich dessen seien. Interessiert waren die Forscher besonders am Verhalten der beiden ersten Experimentgruppen: Denn über den Versuchsaufbau waren alle Probanden komplett informiert – insbesondere darüber, dass sie eben nur eine Seite bzw. Sichtweise gehört hatten.

Dennoch übernahmen sie die ihnen präsentierte Sichtweise und waren sich sehr viel sicherer über deren Korrektheit als die Probanden, die beide Perspektiven kannten. Die erstbeste Schlussfolgerung genügte ihnen, weshalb sie sich selbstsicher einseitig festlegten. Auch nachdem die Forscher die Probanden explizit darum baten zu bedenken, dass die Streitfälle jeweils wenig eindeutig seien und es mehrere Sichtweisen gebe und ihnen alle nötigen urteilsrelevanten Informationen fehlten, konnte diese Tendenz nicht eliminiert werden. Der Zwang sich sofort festzulegen blieb.

Man hängt an seinem Gedanken. Die Möglichkeit, mit

einem anderen Gedanken schwanger gehen zu können, schien ihnen fern. Einseitigkeit liegt eben in der Natur des Menschen.

Quelle: Brenner, Lyle A./Koehler, Derek J./Tversky, Amos (1996): *On the evaluation of one-sided evidence*, in: *Journal of Behavioral Decision Making* 9, S. 59–70.

Perspektivwechsel

Manchmal ist in einer Talkshow der Sitzplatz wichtiger als das, was man sagt.

Verschiedene Blickwinkel auf eine Gesprächssituation verändern, wie Menschen das Gesehene bewerten. Der Inhalt des Gesprächs sowie die Merkmale der Gesprächspartner spielen eine untergeordnete Rolle. Gemeint ist hier nicht das Phänomen, das man sonst als Perspektivwechsel kennt, sondern ganz konkret die Platzierung eines Redners, wo er sitzt und wohin er blickt – Banalität overload. Man denkt nach Sitzplatz. Wohl eine der grotesksten Fehlleitungen des Menschen.

In einem Experiment beobachteten 38 Versuchsteilnehmer eine Gesprächssituation zwischen zwei Personen, die sich fünf Minuten lang nach Skript unterhielten. Thema waren Jobpläne, Familie etc.

Die Versuchspersonen saßen entweder links oder rechts hinter einem der beiden Gesprächspartner, so dass nur jeweils der andere Gesprächspartner komplett zu sehen war; oder aber seitlich, so dass die Probanden beide im Blickfeld hatten. Danach bat man die Versuchspersonen um eine Beurteilung der Gesprächsleistung. Die seitlich sitzenden Versuchspersonen bewerteten die Leistungen der beiden Gesprächspartner etwa gleich. Probanden, die hinter einer Gesprächsperson saßen, bewerteten die Leistung des jeweils anderen Gesprächspartners als besser. Obwohl die Versuchspersonen alle dasselbe hörten – nämlich von den Forschern standardisierte Gespräche nach Drehbuch – kamen sie zu gegensätzlichen Bewertungen.

Das Blickfeld bestimmt die Gedankenwelt. Was wir im Sichtfeld haben, bekommt unsere Aufmerksamkeit; beim Rest hört man nicht mehr so genau hin.

Die Sichtposition ist für den Gesprächserfolg mit einem Gesprächspartner entscheidender als die wahrgenommenen inhaltlichen Positionen. Offenbar verstellt die Sicht die Gedanken. Sitzfleisch schlägt Hirnschmalz.

Quelle: Taylor, Shelley E./Fiske, Susan T. (1975): *Point of view and perceptions of causality*, in: *Journal of Personality and Social Psychology* 32, S. 439–445.

K.o. des Unbewussten

Das Unbewusste ist ein rechter Schwächling.

Das Unbewusste wird immer als fast mythisch-übermächtige Macht beschrieben, die uns entscheidend beeinflusst, ohne dass wir es merken oder kontrollieren können. Aber ist diese »heimliche« Macht des Unbewussten wirklich so gewaltig?

Eine dieser unbewussten Fehlleistungen, derer wir uns

schwer erwehren können, ist die moralische Heuchelei: Die eigenen Moralverletzungen werden unter einem anderen, einem positiveren Licht betrachtet als die Verfehlungen anderer. Um dem auf den Grund zu gehen, stellten Forscher 91 Probanden zunächst vor ein moralisches Dilemma, um sie anschließend das eigene Verhalten moralisch beurteilen zu lassen – eine Gruppe mit, die andere ohne geistige Ablenkung.

Das Experiment sah für den einen Teil der Probanden die einfache Aufgabe vor, zehn Minuten lang eine Reihe von Bildern zu betrachten. Die andere Gruppe sollte 45 Minuten lang Mathematikaufgaben lösen. Die Versuchsleiter teilten den Probanden mit, dass immer zwei Probanden parallel getestet würden. Da der zweite Proband aber noch nicht anwesend sei, offerierten die Forscher den Probanden die Möglichkeit, selbst zu wählen, welche der beiden Aufgaben sie gerne übernehmen würden. Sie könnten selbst wählen oder aber einem Zufallsgenerator überlassen, wer welche Aufgabe bekommt. Die meisten Probanden entschieden sich gegen den Zufallsgenerator und wählten die leichte Aufgabe für sich. Danach wurden sie in einem anonymen Fragebogen zur Fairness ihres Verhaltens befragt. Die meisten Probanden heuchelten in ihren Antworten faires Verhalten. Auch präsentierten die Forscher den Probanden einen gleichwertigen Beispielsfall, bei dem sich andere Menschen ähnlich verhalten hatten. Hier fiel das Urteil dagegen überwiegend kritisch aus. Ein typisches Beispiel für Doppelmoral, eine der Superkräfte des Unbewussten.

Aber funktioniert dieser unbewusste Selbstbetrug wirklich immer? Ist das Unbewusste so mächtig? Hinter diesen Fragen verbirgt sich der eigentliche Knackpunkt der Studie. Auch wenn das Gehirn für den richtigen Dreh sorgt und unser Urteil subtil manipuliert, geht dieser Mechanismus nicht immer auf. Psychologen brachten einen Teil der Probanden dazu, sich zusätzlich zur Beantwortung des Fragebogens eine siebenstellige Nummer zu merken – eine Aufgabe, die den Otto Normalbürger leicht überfordert. Das Ergebnis ist überraschend. Die Überforderung führte dazu, dass in dieser Probandengruppe die eigene Handlung auf einmal selbstkritischer betrachtet wurde. Die Probanden gingen ebenso hart mit sich ins Gericht wie mit anderen Menschen. Die Heuchelei war verschwunden!

Beschäftigt man das Bewusstsein, schwächt das die unbewussten Gedankenverzerrungen. Das Unbewusste ist also nicht wirklich allmächtig. Und vor allem schnell ablenkbar und überfordert – mit einer mehr oder weniger einfachen Zahlenreihe! Wenn man es genau betrachtet, ist das Unbewusste eine rechte Lachnummer – und damit zutiefst menschlich.

Es ist also an der Zeit, das menschliche Selbstwertgefühl ein weiteres Mal tief zu verletzen. Nach Sigmund Freud erfuhr die Menschheit drei große Kränkungen. Neben dem Wissen darüber, dass ihr Heimatplanet nicht der Mittelpunkt des Universums ist und ihre Vorfahren im Tierreich zu finden sind, gehört dazu auch die Freudsche Feststellung, dass der Mensch zum Großteil durch das Unbewusste kontrolliert wird. Ergänzt werden muss nun die Erkenntnis, dass dieses Unbewusstsein, das dafür sorgt, dass der Mensch »nicht Herr im eigenen Haus« ist, eine rechte Lachnummer ist. Eine eigentlich leicht zu überwindende Funktion des Gehirns entzieht dem Menschen die Kenntnis und Herrschaft des Willens. Nicht sehr schmeichelnd, wenn man von einem Leichtgewicht geschlagen wird.

Quelle: Valdesolo, Piercarlo/DeSteno, David (2008): *The duality of virtue: Deconstructing the moral hypocrite*, in: *Journal of Experimental Social Psychology* 44, S. 1334–1338.

3 Die Dummheit der Vielen

Lesen Sie in diesem Kapitel, wie die Niete in Menschengestalt, durch ihr interessengeleitetes Tun ihrem eigenen Glück sowie dem Erfolg der Gemeinschaft unablässig im Wege steht. Lesen Sie, warum um Himmels willen menschliches Handeln keinen Sinn macht. Und warum niemand dümmer ist als alle zusammen. Die Dummheit aller ist dümmer als die Summe der Dummheiten ihrer Individuen.

Alkoholische Wirtschaftsförderung

Alkohol ist das wirkliche Schmiermittel der Wirtschaft.

Eigentlich schadet Alkoholismus der Arbeitsmarktfähigkeit. Gesamtgesellschaftlich kann moderater Alkoholkonsum aber einiges bewirken. Findige Forscher haben tatsächlich einen Zusammenhang zwischen gegenseitigem Vertrauen innerhalb einer Gesellschaft und deren Spirituosenkonsum festgestellt. Je mehr Alkohol getrunken wird, so die Forscher, desto stärker das zwischenmenschliche Vertrauen, desto besser die wirtschaftliche Lage. Je besoffener eine Gesellschaft, desto leichter lassen sich Geschäfte machen, meinen die Forscher. Im

Wein steckt nicht nur die Wahrheit des Einzelnen, sondern der Wohlstand ganzer Nationen.

Die Ökonomen prüften diesen Zusammenhang mit Daten aus 26 verschiedenen Ländern. Die Querschnittsdaten zum Alkoholkonsum entnahmen sie dem Bericht 2000/2001 der Weltgesundheitsorganisation WHO. Die Daten zum gesellschaftlichen Vertrauen stammten aus dem World Value Survey 2005–2007, der umfangreichsten und globalen Umfrage über menschliche Werte. Vertrauen geht als Prozentsatz der Menschen in die Berechnung ein, die angeben, dass »sie generell den meisten Menschen vertrauen«. Der Alkoholkonsum floss als Alkoholkonsum pro Kopf in Litern reinen Alkohols ein. Die Forscher rechneten zuvor noch den Anteil problematischen Alkoholkonsums heraus, indem sie statistisch die Sterblichkeitsrate durch Leberzirrhose abzogen. Denn selbstverständlich handelt es sich um einen umgekehrt u-förmigen Zusammenhang – zu viel des Guten wirkt negativ. Wer zu viel trinkt, hat ein Alkoholproblem. Bei Blackouts und Kater verschwindet der positive Effekt.

Die Forscher korrelierten die Daten zum allgemeinen Vertrauen mit den Informationen zu den Trinkgewohnheiten der Nationen. Das Ergebnis überrascht: Der moderate Alkoholkonsum kann ganze 57 Prozent der Varianz des Vertrauens erklären – Saufen fördert den gesellschaftlichen Zusammenhalt. Je mehr getrunken wird, desto stärker das Vertrauen und die Loyalität der Menschen untereinander sowie das allgemeine Vertrauen in die Gesellschaft. Bierseligkeit ist eine wichtige Grundvoraussetzung für eine effektive politische und wirtschaftliche Zusammenarbeit. Saufgelage erleichtern damit auch die Wahl des richtigen Geschäftspartners bzw. vernebeln die Risikowahrnehmung, was auch dazu führt, dass wirtschaftliche Verträge schneller geschlossen werden. Wer beschwipst die wahren Geschäftsgrundlagen offenbart, mit dem schließt man auch lieber Geschäfte ab. Trinken löst unfreiwillig die Zunge zwischen Unbekannten. Dies ist der Grund auch dafür, dass man in der modernen Businesswelt eher öffentlich trinkt als in primitiven Gesellschaften, wie Anthropologen nachwiesen. Es ist eine Art gemeinschaftlicher Lügendetektor, weil Alkohol Lügen reduziert und die Wahrheit ans Licht bringt. Vino-Leaks statt Wiki-Leaks. Und für Ökonomen hat das interessante Implikationen. Dadurch, dass man beim Trinkgelage mit Kollegen, Geschäftspartnern und Freunden seine wahren Beweggründe offenbart, tritt man als vertrauenswürdig auf. Mehr oder weniger »trockenen« Gesellschaften, wie beispielsweise in muslimischen Staaten, fehlt dieser Mechanismus – folglich fehlt es ihnen an allgemeinem, geschäftsförderndem Vertrauen.

Alkohol hat nicht nur zur Entstehung der Zivilisation an sich beigetragen (siehe *Flüssige Kulturessenz*), sondern auch deren Ausprägung bestimmt: mit Freibier in die freie Marktwirtschaft. Denn die freie Marktwirtschaft ist auf weiche Faktoren wie Vertragssicherheit und Kundenloyalität bzw. Markentreue angewiesen; und genau dafür sorgen durch Alkohol gelockerte Zungen.

Quelle: Haucap, Justus/Herr, Annika (2011): *In Vino Veritas: Theory and Evidence on Social Drinking*, in: *DICE Discussion Papers*, S. 1–17.

Das Paradox der Wahl

Der Mensch ist zu dumm zum Shoppen.

Je mehr Wahlmöglichkeiten es gibt, desto freier sind wir. Aber obwohl Wahlfreiheit entscheidend ist für unser Wohlbefinden, sorgen zu viele Entscheidungsmöglichkeiten dafür, dass wir uns weniger wohl fühlen. Es klingt paradox, aber je voller die Auslagen im Supermarkt sind, desto leerer wird der Kopf.

In unserer modernen Konsumgesellschaft gilt die Faustregel: Je mehr Auswahl, desto besser. Unternehmen konkurrieren darum, wer denn nun die größte Produktpalette und das umfangreichste Servicespektrum bietet. Doch macht diese Sehnsucht nach der besten Alternative wirklich glücklich, oder fühlen sich die Menschen davon überfordert? Kann es sein, dass der Mensch überhaupt nicht gemacht ist für eine Kommerzgesellschaft, in der immer flexiblere Fertigungssysteme immer mehr Auswahl bringen? Klar, überhaupt eine Wahl zu haben ist besser als keine Wahl. Doch was ist, wenn die Wahlmöglichkeiten zunehmen, die Unterschiede aber abnehmen? Die Patentstreits der großen Handy- und Computerriesen zeigen beeindruckend, wie die Unterschiede mit jedem zusätzlichen Produkt verwischen.

Diese Entwicklung hat fatale Folgen für die Zufriedenheit. Im Prinzip ist der Mensch nämlich tatsächlich noch nicht mal fürs Shopping geeignet. Der städtische Einkaufsbummel macht dumm (siehe *Stupidity and the City*), das Prüfen und Vergleichen der Angebote überfordert – plakativ formuliert: Der Mensch ist zu dumm für den Massenkonsum. Menschen sind nur theoretisch wählerisch, praktisch aber eher einfältig.

Wenn wir zwischen Alternativen wählen können, wächst zunächst unser Wohlbefinden progressiv. Ab einer bestimmten Anzahl von Alternativen wächst unsere Zufriedenheit aber nur noch degressiv, bis sie schließlich asymptotisch gegen null tendiert. Das Glücksgefühl steigt also nicht in direktem Verhältnis mit der Anzahl möglicher Wahlalternativen, sondern jede weitere Wahlmöglichkeit liefert einen geringeren Beitrag zur Glückseligkeit als die vorhergehende.

In einer klugen Studie richteten Forscher in einem kalifornischen Supermarkt eine Probierstation ein, um diesem Paradoxon auf die Schliche zu kommen. Der Testsupermarkt selbst ist bekannt für seine besonders große Auswahl, regulär führt er zum Beispiel 300 verschiedene Marmeladensorten. Da es dort aus Marketinggründen ohnehin oft Probierstationen gab, fielen die Forscher mit ihrem getarnten Experimentiertisch nicht weiter auf. Die Versuchsleiter waren als Verkäufer getarnt. Insgesamt 754 Einkäufer besuchten die experimentelle Probierbude. Dort gab es für die eine Gruppe der Probanden sechs verschiedene Marmeladen zur Auswahl; für eine zweite Probandengruppe 24 Sorten. Da die Gläser der unterschiedlichen Marmeladen vom selben Hersteller kamen, unterschieden sie sich optisch nicht.

Die Probanden der ersten Gruppe kauften mehr Marmelade als die zweite Gruppe. Was bedeutet: Je mehr Auswahl die Probanden hatten, desto weniger konsumierten sie. Bei sechs Sorten griffen 30 Prozent der Probanden zu, bei 24 Sorten nur drei Prozent.

In einem weiteren Experiment testeten die Forscher unter Laborbedingungen Schokolade an 134 Probanden, einmal mit sechs, einmal mit 30 Sorten. Anschließend fragte man die Probanden danach, wie zufrieden sie mit ihrer Wahl seien. Das überraschende Ergebnis zeigt, dass die Probanden, die 30 Sorten Schokolade zur Auswahl hatten, sehr viel unglücklicher damit waren als diejenigen, die nur zwischen sechs Sorten wählen konnten. Im Anschluss an den Versuch durften die Versuchsteilnehmer zwischen zwei Belohnungen wählen, entweder Geld oder Pralinen. Bezeichnenderweise griff die Vielsortengruppe öfter nach dem Geld als die Vergleichsgruppe. Das Paradox der Wahl benennt also die Tendenz, weniger zufrieden zu sein, je mehr Wahlmöglichkeiten es gibt.

In einer weiteren Studie sollten Studenten einen zweiseitigen Aufsatz schreiben. Auf diese Weise konnten sie zusätzliche Leistungspunkte, sogenannte Credit Points verdienen. Die eine Hälfte der 197 Studenten konnte dazu aus sechs verschiedenen Themen wählen, die andere Hälfte aus 30. Theoretisch kommt eine größere Themenvielfalt den Bedürfnissen der Studenten entgegen, weil sie leichter ein zu ihren Neigungen passendes Thema finden. Doch von denjenigen Studenten, denen man 30 Wahlmöglichkeiten offerierte, nutzten nur 60 Prozent diese Möglichkeit. In der Gruppe mit nur sechs Aufsatzoptionen waren es ganze 74 Prozent. Und jetzt kommt der tatsächliche Hammer: Auch die Qualität der Aufsätze sinkt, wenn die Themenvielfalt steigt. Die Noten der 30er-Gruppe waren signifikant schlechter. Die reguläre Leistung der Studenten spiegelt dies nicht, was die Forscher an den durchschnittlichen Semesternoten der beiden Gruppen ablesen konnten. Die Auswahlmöglichkeiten senken kurzfristig die Leistung.

Folgende Mechanismen sind für diesen Effekt ausschlaggebend: Je mehr Wahlmöglichkeiten man hat, desto mehr Vorteile der Alternativen entgehen einem. Man trauert quasi den entgangenen Alternativen hinterher, zahlt also die »Kosten der Reue«. Mit einer steigenden Zahl an Wahlmöglichkeiten steigen auch die eigenen Ansprüche an das Ergebnis. Die potenzielle Möglichkeit bzw. der Gedanke daran, dass da doch noch eine bessere Version existieren könnte, macht viele Menschen unzufrieden. Trifft man eine Wahl, ist man aber für das Resultat individuell verantwortlich. Wählt man ein Produkt, das sich im Verlauf des Verbrauchs als schlecht herausstellt, nährt das den Selbstzweifel. Gäbe es nur eine einzige Wahlmöglichkeit, könnte man nicht durch falsche Entscheidungen versagen.

Quelle: Iyengar, Sheena S./Lepper, Mark R. (2000): *When choice is demotivating: Can one desire too much of a good thing?*, in: *Journal of Personality and Social Psychology* 79, S. 995–1006.

Das Konkurrenzparadox

Konkurrenz beerdigt das Geschäft.

Konkurrenz belebt das Geschäft? Nein: Konkurrenz begräbt das Geschäft! Mittlerweile scheinen wir sogar regelrecht in einer Casting-Gesellschaft zu leben, in der jeder und alles permanent Auswahlprozesse durchläuft.

Ohne Vorauswahl läuft nichts mehr – Wettbewerbe, Wettkämpfe, Rivalitäten und Konkurrenz ohne Ende.

Psychologen überprüften diesen Allgemeinplatz und waren überrascht. Die Ergebnisse zeigen, dass die Motivation zu konkurrieren mit steigender Anzahl der Wettbewerber sinkt. Je größer die Konkurrenzdichte, desto demotivierter die Wettbewerber – selbst dann, wenn die Erfolgschancen gleich bleiben. Wettbewerb erzeugt keinen Ehrgeiz, sondern genau das Gegenteil. All die tollen Wettbewerbe und Castings sind also im Prinzip nur Stress. Der Akt des geregelten Vergleichs hat den gegenteiligen Effekt, dass immer nur Unmotivierte gegeneinander antreten und die Wettbewerbsbeiträge deshalb auch eher minderwertig ausfallen. Der Mensch ist nur bedingt konkurrenzwillig, egal wie konkurrenzfähig er ist.

Ein Hinweis etwa ist die Tatsache, dass die SAT-Werte, ein in den USA weit verbreiteter Studienplatzbewerbungstest, bei US-Studenten umso besser ausfallen, je weniger Prüflinge es am Testort gibt – Datengrundlage waren offizielle Erhebungen des Schulamtes der USA für alle fünfzig US-Bundesstaaten. Doch das liegt keinesfalls daran, dass eine höhere Dichte an Teilnehmern die Ablenkungsgefahr erhöht, sondern daran, dass gehäufte Konkurrenz demotiviert und zu durchschnittlich schlechteren Leistungen führt. Dies ist sehr wahrscheinlich auch ein Grund dafür, dass Formate wie *Deutschland sucht den Superstar*, *Popstars*, *The Voice of Germany* oder *Das Supertalent* nie wirklich kommerziell erfolgreiche Stars hervorbringen – das Produkt ist schlicht minderwertig.

Ein Experiment mit 74 Versuchsteilnehmern konnte den dahinter liegenden Mechanismus aufdecken. Der Effekt konnte, leicht variiert, mit weiteren 151 Versuchsteilnehmern repliziert werden. Den teilnehmenden Probanden wurde ein kurzes Quiz ausgehändigt, das sie so schnell, vollständig und präzise wie möglich absolvieren sollten. Der einen Hälfte der Versuchspersonen erklärte man, dass es außer ihnen zehn weitere Prüflinge gäbe; der anderen Hälfte erzählte man von hundert konkurrierenden Testteilnehmern. Außerdem versprach man den Probanden eine finanzielle Belohnung, würden sie es schaffen, zu den 20 Prozent der Besten zu gehören. Ein Vergleich der Testergebnisse zeigt, dass die Prüflinge der Kleingruppe den Test nicht nur wesentlich schneller, sondern auch besser absolvierten als die Probanden der Großgruppe. Je größer die Konkurrenz, desto geringer die Neigung, sich mit anderen zu vergleichen.

Offensichtlich geht der Mensch davon aus, dass ein Mehr an Konkurrenz ein und dieselbe Aufgabe komplexer und schwieriger mache. Es könnte also bei wettbewerbsträchtigen Arbeitsplätzen passieren, dass nicht unbedingt die geeignetsten Bewerber ihre Chance bekommen. Je kleiner die Zahl potenzieller Konkurrenten, desto größer die Motivation, besser zu sein als der andere.

Quelle: Garcia Stephen M./Tor Avishalom (2009): *The N-Effect: More Competitors, Less Competition*, in: *Psychological Science* 20, S. 871–877.

Intelligenzvergleiche machen dumm

Der Wettbewerb um schlaue Köpfe senkt den IQ.

IQ-Test, IQ-Test in meiner Hand, wer ist der Klügste im ganzen Land? Der Mensch kann es nicht lassen, sich mit anderen zu messen. In der modernen Wissensgesellschaft gilt der IQ-Test als Vergleichsmaßstab. Doch dieser Intelligenzwettbewerb führt nicht etwa zu einer Intelligenzvermehrung. Wenn man seine Intelligenz vergleicht, kann man sie sich ruinieren. Forscher konnten das in einem gewitzten Experiment nachweisen: Das Dumme nämlich ist, dass IQ-Tests nicht nur die Intelligenz messen, sondern diese, zumindest kurzfristig, verringern können. Intelligenz reduziert sich, wenn man sie misst?

Man ließ dazu 67 Freiwillige in kleinen Gruppen am Computer zeitsynchron insgesamt 92 IQ-Test-Fragen absolvieren. Diese Fragen entnahmen die Forscher dem Cattells Culture Fair Intelligenztest. Nach jeder beantworteten Frage bekamen die Probanden sofort in Gestalt einer Rangfolge präsentiert, wie gut sie im Vergleich mit ihren Mitstreitern abschnitten. Der Clou: Tatsächlich hatte die Platzierung nichts mit den Ergebnissen zu tun, sondern wurde planmäßig vergeben. So konnten die Forscher im Anschluss herausfinden, wie das Wissen über die eigene Platzierung die Leistung beeinflusst. Und tatsächlich sank die geistige Leistung, sobald die Probanden in der Rangfolge absackten. Dieser Effekt entscheidet über die Verteilung von bis zu 17 Punkten auf der Intelligenzskala. (In der ersten IQ-Messskala musste man mindestens siebzehn Punkte erreichen, um nicht als »Idiot« zu gelten – ausgerechnet.) Ironie der Dummheit: Die Erschütterung, doch nur zu den Halbklugen zu gehören, macht halbklug! Intelligenz, eine der Grundfesten unserer Konkurrenzkultur, ist äußerst flexibel. Wer sich daran orientiert, kann verblöden.

Gleichzeitig maß man mit einem entsprechenden Scanner die Gehirnströme von 27 der 67 Versuchspersonen. Erschreckenderweise senkte der IQ-Vergleich die Aktivität in der Gehirnregion, die für das Denken zuständig ist, nämlich im frontalen Kortex. Wieder einmal ist es leistungsbezogener Wettbewerb, der Aussiebmechanismus, der den Menschen ruiniert. Offenbar löst die Angst, weniger wert zu sein, diesen Effekt aus. Das Wissen über die eigene Position in der Rangfolge macht geistig bescheiden. Die Forscher vermuten sogar, dass sich dieser Effekt auch in anderen Konkurrenzsituationen kundtut, etwa in kriegerischen Auseinandersetzungen, die dann fatal die Fähigkeiten der einzelnen Kontrahenten verringern, intelligente Entscheidungen zu finden.

Quelle: Kishida, Kenneth T./Yang, Dongni/Quartz, Karen Hunter/Quartz, Steven R./Montague, P. Read (2012): *Implicit signals in small group settings and their impact on the expression of cognitive capacity and associated brain responses*, in: *Philosphical Transactions of The Royal Society Biological Sciences* 367, S. 704–716.

Die geistige Elite ist auch nur Mittelmaß

Ausgerechnet die Superintelligenten sind Loser.

Zum Glück, so könnte man meinen, gibt es besonders intelligente Leute, Freaks des Geistes, die trotz aller Limitationen intelligent agieren. Doch die mit überdurchschnittlichen geistigen Fähigkeiten ausgestatteten Menschen neigen dazu, unter Leistungsdruck zusammenzubrechen, was dazu führt, dass sie letztendlich nur durchschnittliche Leistungen erbringen.

Bisher wusste man wenig über die Eigenschaften der Menschen, die genau dann versagen, wenn es wichtig wird. Deshalb vermutete man lange, dass Menschen mit schlechtem Arbeitsgedächtnis anfälliger seien, weil sie sowieso kaum Kapazitäten zum Denken besäßen. Doch erschreckenderweise sind es unsere Gehirnchampions, deren Kapazitäten unter Druck zum Minimum schrumpfen. Die Forscher, die diesen Sternschnuppeneffekt identifizieren konnten, bewiesen, dass Personen, die über ein besonders gutes Arbeitsgedächtnis verfügen, besonders häufig unter geistigen Blackouts leiden im Vergleich zu jenen mit weniger Kapazität: Ihr Stern verglüht besonders schnell und leicht in der Atmosphäre der Realität.

Das Arbeitsgedächtnis gilt als einzig konkret messbarer Intelligenzanzeiger. Je mehr Speicher, desto intelligenter sein Träger. Aber: Ihr Vorteil, nämlich mit ausreichend Gedankenspeicher ausgestattet zu sein, und damit für die Lösung komplexer Aufgaben quasi prädestiniert zu sein, bildet auch ihren größten Nachteil. Ein gutes Arbeitsgedächtnis ist zum Beispiel beim Rechnen wichtig, um sich die Zwischenschritte besser merken zu können. Die Forscher gehen nun aber davon aus, dass so auch mehr Raum für Gedanken über mögliches Versagen vorhanden ist. Wenn sich diese Gedanken und Versagensängste dann im Arbeitsgedächtnis breitmachen, schränkt dies die geistige Kapazität ein, die man zur Lösung wichtiger Aufgaben bräuchte. Menschen mit schwachem Arbeitsgedächtnis sind von vornherein so reduziert, dass gar kein Raum mehr vorhanden ist, um nebenbei Versagensangst geistig zu verarbeiten.

Das dazugehörige Experiment war simpel. Zunächst maß man die Kapazität des Arbeitsgedächtnisses von 93 Versuchspersonen, um sie anschließend entsprechend der Ergebnisse in zwei Gruppen zu unterteilen: in eine Gruppe mit großem Arbeitsgedächtnis und eine Gruppe mit kleinem Arbeitsgedächtnis. Dafür griffen die Forscher auf zwei in der psychologischen Forschung bestens bekannte Tests zurück. Sie mittelten die Werte des Operation Span Tests (Ospan), bei dem man mathematische Aufgaben lösen muss, während man sich Wörter merkt, sowie des Reading Span (RSPAN), bei dem das Arbeitsgedächtnis beim Lesen gefordert wird. Aufgrund dieser Mittelwerte teilten sie die Probanden ein.

Jede Versuchsperson war dazu angehalten, zweimal hintereinander 24 mathematische Probleme zu lösen. Einmal ohne und anschließend mit Leistungsdruck. Ohne Druck übertrumpfte die Gruppe mit großem Arbeitsgedächtnis die Gruppe derjenigen mit schlechtem Arbeitsgedächtnis signifikant. In der zweiten Situation mit Leistungsdruck sanken die Leistungen der Gruppe mit gutem Arbeitsgedächtnis massiv. Die Ergebnisse der Gruppe mit kleinem Arbeitsspeicher blieben hingegen gleich niedrig. Druck wurde erzeugt, indem man eine Belohnung für besonders gute Leistungen auslobte. Außerdem arbeitete man auch mit Gruppendruck und erzählte den Probanden, dass von ihrer Leistung auch die Preisgelder der anderen Mitstreiter abhingen. Zusätzlich erklärte man den Probanden, dass ihre Leistung aufgezeichnet würde, um sie anschließend einem Mathematikprofessor zur Analyse zu übergeben – die Versuchsleiter richteten dazu auch eine Videokamera auf die Probanden.

Unter Druck waren die Leistungen der Intelligenzbestien nur noch Durchschnitt. Je intelligenter ein Mensch also ist, desto eher zerbricht er an wichtigen und relevanten Aufgaben. Auch die Geisteselite kann uns nicht retten, sobald es ums Ganze geht.

Intelligenz schützt aber auch nicht vor den Dummheiten des Geistes. Kluge Menschen tappen ebenso blind und leicht in typische Denkfallen wie weniger kluge Menschen. Dummheit ist damit eine ewige, universelle Gleichmacherin – ohne Ansehen der Person und ihrer geistigen Verdienste verteilt sie ihre Plage mit der Gießkanne ... mit einer kleinen Vorliebe für kluge Menschen.

Bei einem entsprechenden Experiment testeten Wissenschaftler in einer ersten Studie insgesamt 482 Studenten und in einer zweiten Studie 255 Lagerarbeiter auf klassische Denkfehler. Man gab ihnen Rätsel zu lösen, die typische Denkfehler auslösen. Beispielsweise wurde zunächst danach gefragt, ob mehr oder weniger als x afrikanische Nationen Mitglieder der Vereinten Nationen seien. Anschließend fragte man danach, wie viele afrikanische Mitgliedstaaten es denn konkret gebe. Für einen Teil der Probanden stand in der ersten Frage die Zahl 65, für den anderen Teil der Probanden die Zahl zwölf für das x. Die Probanden mit der kleineren Zahl unterschätzten den Anteil, die mit der größeren Zahl überschätzten ihn – eine klassische Denkfalle. Und die Probanden liefen reihenweise in diese Denkfallen.

Im Anschluss verglichen die Forscher die Ergebnisse der Denkfehler-Tests mit den Ergebnissen aus Bildungs- und Intelligenztests, die man außerdem an den Versuchspersonen erhoben hatte. Das Ergebnis war erschreckend: Die klügeren Köpfe unter den Probanden machten tendenziell sogar häufiger Denkfehler. Intelligenz und Bildung korrelieren hier also positiv mit der Anfälligkeit für dumme Denkfehler.

In einer anderen Etappe des Experiments fragte man nach dem Meta-Blindfleck – der wohl gefährlichste Denkfehler, der uns suggeriert, nur die jeweils anderen seien anfällig für Denkfehler. Das Ergebnis: Diejenigen, die eher zugaben, anfällig für Denkfehler zu sein, waren im Anschluss auch nicht besser darin, sie zu unterbinden. Die Beschäftigung mit den Schwächen des Geistes kräftigt den Geist nicht (aus diesem Grund verzichtet dieses Buch auch auf gutgemeinte, aber sinnlose Ratschläge). Weder mit Intelligenz noch mit konkretem Wissen können wir uns aus der Schlinge der Dummheit ziehen.

Wenn also der gesellschaftliche Aufstieg vom Bildungsniveau abhängt, dann besteht die Elite der Gesellschaft aus besonders fehlerhaften und letztendlich auch nur mittelmäßigen Denkern. Wir sind in dieser Hinsicht keine Meritokratie, in der die Leistungsbesten herrschen, sondern eine Mediokratie, in der die Mittelmäßigkeit herrscht.

Quelle: Beilock, Sian L./Carr, Thomas H. (2005): *When High-Powered People Fail: Working Memory and »Choking Under Pressure« in Math*, in: *Psychological Science* 16, 101–105.
West, Richard F./Meserve, Russell J./Stanovich, Keith E. (2012): *Cognitive Sophistication Does Not Attenuate the Bias Blind Spot*, in: *Journal of Personality and Social Psychology*, S. 1–14.

Schwarmdummheit

Der Mensch ist ein Fähnchen im Wind und vertritt stets, was die Mehrheit sagt.

Jeder denkt heute, er sei selbstbestimmt und individuell. In Wirklichkeit aber hält er sich an das, was andere sagen und tun – egal ob richtig oder falsch. Der Mensch ist nur ein Stück vom Kuchen. Wir sind Teil eines Superorganismus, einer Gemeinschaft aus Menschen. Das Zusammenspiel von Menschen ergibt beiläufig besonders dumme Verhaltensmuster. Was wir Dummes tun und denken, ist ein dynamischer Prozess, den wir mit anderen teilen.

Gemeint ist hier also das Gegenteil von Schwarmintelligenz, die gemeinsame, konsensbasierte Dummheitsfindung. Der Mensch besitzt die Tendenz, die Dummheit seines Gegenübers zu spiegeln. Man könnte dies auch als eine Art primitiver Form der gedanklichen Synchronisierung von hauptsächlich dummen oder falschen Äußerungen des Gegenübers verstehen.

Eine Gruppe von Neurowissenschaftlern konnte diese soziale Konformität der Dummheit ganz einfach belegen, indem sie einer Gruppe von zwanzig Versuchsteilnehmern zunächst eine Augenzeugendokumentation vorführte. Anschließend bat man die Probanden zu einem Gedächtnistest. Darin galt es, so viele Details der Dokumentation so korrekt wiederzugeben wie möglich.

Fünf Wochen später luden die Wissenschaftler die Probanden erneut zum Gedächtnistest. Diesmal jedoch zeigte man der einen Hälfte der Probanden stets die Antworten, die vier andere Teilnehmer angeblich auf die Fragen gegeben hatten. Tatsächlich hatten die Forscher absichtlich falsche Antworten verfasst, um die Probanden zu täuschen. Das Resultat ist erschreckend: Die Teilnehmer orientierten sich überwiegend an den falschen Antworten. Ihre Antworten stimmten nicht mit dem Gesehenen überein. Rund 68 Prozent der Fragen beantworteten sie deshalb falsch. Damit outeten sie sich als Konformisten der Dummheit. Die andere Hälfte der Probanden, die denselben Film gesehen hatte, aber von den falschen Antworten verschont geblieben war, antwortete weiterhin überwiegend korrekt.

So konnten die Forscher zeigen, dass sich Dummheit quasi summieren kann – gemeinsam sind wir dümmer. Dieser Effekt war so stabil, dass 41 Prozent der Probanden ihre Antworten auch dann nicht änderten, als man ihnen berichtete, dass die vorgelegten Antworten nicht zuverlässig gewesen seien.

Die Probanden blufften also nicht, nur um der Mehrheitsmeinung nicht zu widersprechen. Ihre Erinnerung hatte sich grundlegend und langfristig verändert. Sie erinnerten sich nun tatsächlich an die falschen Angaben – einheitlich koordinierte Dummheit. Wie ein Tier im Schwarm folgt der Mensch der Masse.

Quelle: Edelson, Micah/Sharot, Tali/Dolan, Raymond J./Dudai Yadin: *Following the Crowd: Brain Substrates of Long-Term Memory Conformity*, in: *Science* 333, S. 108–111.

Schlechtmenschen statt Gutmenschen

Dummes und unsoziales Verhalten ist ansteckend.

Intelligenz und Wissenserwerb gelten nicht nur in der Wissenschaft als Ideale. Doch der Mensch, er genügt diesem Ideal oft nicht. Forscher, die die Ursachen für individuelle Dummheit in verschiedenen Gesellschaften untersuchten, konnten zeigen, dass eben diese ansteckend ist.

In einer experimentellen Studie ließen Wissenschaftler 81 Probanden eine Kurzgeschichte lesen, in der ein 35 Jahre alter Mann namens Meier, beschrieben als fremdenfeindlicher, alkoholkranker und aggressiver Fußballhooligan, dumme Sachen macht. Der Text der Kontrollgruppe bestand ebenfalls aus einem kurzen Text, in der ebenfalls ein Mann namens Meier agiert, dieser verhält sich jedoch normalintelligent. Man bat die Versuchspersonen darum, den Text aufmerksam zu lesen und die wichtigsten Punkte in zwei bis drei Sätzen schriftlich zusammenzufassen. Im Anschluss absolvierten alle Probanden einen Intelligenztest.

Die Forscher verglichen die Ergebnisse, und tatsächlich: Die Probanden, die die Geschichte des dummen Hooligans zu lesen bekamen, schnitten sehr viel schlechter ab als die Probanden der Kontrollgruppe. Offensichtlich führt die Beschäftigung mit Dummheit zu einem messbaren Leistungsabfall.

Zu allem Übel macht die Dosis das Gift! Die Forscher testeten nämlich auch, ob die Länge der Lektüre einen Einfluss auf dieses Ansteckungsphänomen hat. Dazu bereiteten sie eine kurze und eine lange Version der Geschichte vor. In der langen Version waren noch mehr Details zur dümmlich-törichten Hauptfigur zu lesen als in der Kurzversion. Und tatsächlich, der Ansteckungseffekt steigt mit der Textmenge. Je mehr über eine dümmliche Hauptfigur zu lesen war, desto schlechter die Ergebnisse des anschließenden Intelligenztests. Kurz: Dummheit ist infektiös.

Doch es kommt noch schlimmer! Unsoziales Verhalten verbreitet sich sehr viel nachhaltiger als großzügiges Handeln. Wer von einem rücksichtslosen Menschen benachteiligt wird, der verhält sich in Folge ebenfalls raffgierig und übervorteilt andere. Unsoziales Verhalten macht besonders leicht Schule, wie Wissenschaftler nachweisen konnten. Dabei handelt es sich nicht um Vergeltung oder Revanche, denn Rachegefühle sind sehr viel harmloser. Das Verheerende an der hier beschriebenen menschlichen Schlechtigkeit ist, das es nicht auf den Täter gerichtet ist, sondern eine allgemeine Verhaltensänderung beschreibt. Auf diese Weise pflanzt sich schlechtes Verhalten immer weiter fort.

Die Forscher baten insgesamt 521 Versuchspersonen

darum, an einem Experiment teilzunehmen, bei dem ein anonymer Entscheider einen bestimmten Geldbetrag unter sich und ihnen als Empfänger aufteilte. Die Versuchspersonen erhielten daraufhin einen Umschlag, dessen Inhalt entweder gierig (0 Dollar von 6 Dollar), fair (3 Dollar von 6 Dollar) oder großzügig (6 Dollar von 6 Dollar) aufgeteilt war. In Anschluss durften die Probanden selbst entscheiden, wie großzügig sie einen Betrag von 6 Dollar zwischen sich selbst und einem anonymen Empfänger aufteilen. Das Resultat: Diejenigen, die unfair behandelt wurden, waren fortan auf ihren Vorteil bedacht und gierten. Erlittenes wird zu Ausgeteiltem. Diejenigen dagegen, die von Großzügigkeit profitierten, ließen sich kaum davon anstecken und zeigten sich allerhöchstens fair.

Während sich schlechtes Verhalten verstärkt, nutzt sich gutes Verhalten ab. Der Mensch ist stets mehr Schlechtmensch als Gutmensch. In der Summe führt dies schnell in eine Abwärtsspirale, die so ziemlich alles unwiederbringlich ruinieren kann.

Quelle: Appel, Markus (2010): *A Story About a Stupid Person Can Make You Act Stupid (or Smart): Behavioral Assimilation (and Contrast) as Narrative Impact*, in: *Media Psychology* 14, 144–167.
Gray, Kurt/Ward, Adrian F./Norton, Michael I. (2012): *Paying It Forward: Generalized Reciprocity and the Limits of Generosity*, in: *Journal of Experimental Psychology*, S. 1–30.

Wir Lemminge

Der Mensch läuft mit Vorliebe dorthin, wo er lieber nicht hin sollte.

Der Mensch zeigt sein selbstmörderisches Verhalten gern in banalen Alltagssituationen. Etwa dann, wenn er auf Warnhinweise aller Art stößt. Derlei Hinweise wecken etwas, das man Reaktanz nennt. Reaktanz sorgt dafür, dass wir etwas wollen, das uns schadet, einzig und allein weil wir uns nicht gerne etwas sagen lassen – selbst dann nicht, wenn man sich damit ruiniert.

Schon in harmlosesten Situationen zeigt sich die Tendenz, einfach nicht zuhören zu wollen. Beispielsweise vor dem Fernseher. Warnhinweise vor gewaltverherrlichenden Filmen führen dazu, dass man sie besonders gern konsumiert – frei nach dem Motto: Regeln sind dazu da, um sie zu brechen.

Insgesamt 900 Probanden aller Altersstufen gab man entweder die Inhaltsangabe eines gewalttätigen oder gewaltfreien Films zu lesen. Die Beschreibung für das gewalttätige Filmchen war wiederum entweder mit einem Warnhinweis versehen, einer bloßen Zusatzinfo ergänzt oder gar nicht näher beschrieben. Danach befragte man die Probanden, wie gerne sie den beschriebenen Film denn sehen wollten. Und tatsächlich – der mit einem Warnhinweis versehene Film war besonders beliebt, unabhängig vom Alter. Warnhinweise adeln Filme also. Sie machen daraus verbotene Früchte, und davon nascht der Mensch am liebsten. Der gewalttätige Film ohne Warnhinweis war vergleichsweise uninteressant. Warnhinweise provozieren das Verhalten, das sie eigentlich unterbinden sollen. Das hat gesellschaftliche Auswirkungen, macht man so doch aus Menschen Lemminge, die genau dahin laufen, wo sie nicht hin sollen.

Ein inzwischen legendäres Experiment konnte das auf die lustige Weise beleuchten. Forscher klebten auf 17 Herrentoiletten auf Augenhöhe entweder ein striktes Verbotsschild oder einen etwas weniger harten Hinweis einer US-amerikanischen Universität. Es ging um Klosprüche: Auf den Toiletten stand also entweder »NICHT an die Wände schreiben!« oder »Bitte nicht an die Wände schreiben!« – beide trugen das offizielle Uni-Siegel. Und wieder führte der strikte Verbotshinweis zu seinem Gegenteil. Als nicht intendierte Folgewirkung steigerte dieser Hinweis die Anzahl der Schmiereien.

Klingt lustig, ist aber ernst. Denn eventuell provozieren Warnschilder auch tatsächlich schädliches Verhalten. Forscher testeten dies geschickt, indem sie 360 Probanden in drei Gruppen unterteilten. Man stellte ihnen drei Stück Frischkäse mit unterschiedlichem Fettgehalt zur Auswahl; viel Fett (90 Prozent Fettanteil), wenig Fett (64 Prozent Fettanteil) oder gar kein Fett (0 Prozent Fettanteil). 120 Probanden bekamen den Vollfettkäse mit einer Warnung auf der Packung präsentiert, die anderen Probanden jeweils zur Hälfte mit Informationen zum Fettgehalt oder ohne jegliche Hinweise. Danach befragte man die Probanden, auf welche der drei Varianten sie am meisten Lust hätten. Das Ergebnis verwundert nicht: Die Probanden, die man vor Vollfett warnte, wählten paradoxerweise genau die Vollfettvariante. Die

Warnungen vor schlechter Ernährung haben also genau das Gegenteil erreicht.

Quelle: Pennebaker, James W./Sanders, Deborah Y. (1976): *American Graffiti: Effects of Authority and Reactance Arousal*, in: *Personality and Social Psychology Bulletin* 2, S. 264–267.
Bushman, Brad J. (1998): *Effects of warning and information labels on consumption of full-fat, reduced-fat, and no-fat products*, in: *Journal of Applied Psychology* 83, S. 97–101.
Bushman, Brad J. (2006): *Effects of Warning and Information Labels on Attraction to Television Violence in Viewers of Different Ages*, in: *Journal of Applied Social Psychology* 36, S. 2073–2078.

Freiheitsasymmetrie

Während sich der Mensch darüber beschwert, andere seien doch nur kleine Zahnräder, merkt er nicht, wie zuverlässig er selbst im Getriebe funktioniert.

Dieser Moment, wenn man in der U-Bahn sitzt, den Blick schweifen lässt und feststellt, dass alle um einen herum kleine Zahnräder sind, ferngesteuert und entfremdet – und man selbst der Einzige ist, der weiß, was wirklich freier Wille ist. Wer kennt das nicht? Alle anderen sind roboternde, uniforme Marionetten, nur man selbst nicht?

Als Krone der Schöpfung sollten wir eigentlich allesamt zur Willens-, Denk- und Handlungsfreiheit fähig sein. Doch ist es seit jeher so, dass man nur sich selbst als frei empfindet. Forscher kamen dieser Denke auf die Schliche, indem sie 50 Studenten eines Studentenwohnheims darum baten, eigene Lebensereignisse und Ereignisse ihrer Mitbewohner zu schildern, etwa die Wahl des Studienfaches. Gleichzeitig sollten sie angeben, wie vorhersehbar der Ausgang dieser Ereignisse war. Im Anschluss verglichen die Forscher die Bewertungen. Ergebnis: Das eigene Verhalten während der verschiedensten Ereignisse hielten die Befragten stets für unvorhersehbar – im Umkehrschluss gingen die Studenten also davon aus, sich jeweils neu und frei zu entscheiden. Des Weiteren beschrieben 26 Versuchspersonen einige private und berufliche Ziele, etwa einen besseren Job zu bekommen. Die Probanden sollten angeben, für wie erstrebenswert sie diese jeweils hielten und wie viele Möglichkeiten zur Verwirklichung dieser Ziele sie (1) bei sich selbst und (2) bei ihren Kollegen innerhalb der nächsten zehn Jahre sehen. Wieder zeigte die Auswertung, dass die Befragten sich selbst viel mehr Wahlmöglichkeiten zusprachen als ihren Kollegen. Dabei spielte es keine Rolle, wie wünschenswert die einzelnen Ziele waren – der Effekt hat also nichts damit zu tun, dass man sich selbsterhöhend gerne das Beste und nur das Beste zugesteht. Dies kontrollierten die Forscher, indem sie die Probanden fragten, ob die eigenen beruflichen Zukunftsaussichten und die der anderen gut, schlecht oder für beides offen seien. Tatsächlich antworteten die meisten mit der letzten Antwortoption. Den Versuchspersonen war also klar, dass freie Entscheidungen auch negative Konsequenzen haben können.

Weitere 58 Versuchspersonen sollten angeben, zu wie viel Prozent das eigene Verhalten und das Verhalten anderer jeweils entweder Intentionen und Wünschen, der Persönlichkeit oder situationsbezogenen Erfordernissen geschuldet sei. Die Probanden gaben mehrheitlich an, dass es in erster Linie situative Erfordernisse und Absichten seien, worauf ihr Verhalten beruht. Anderen gestand man dies nicht zu.

Man selbst glaubt unbewusst daran, mehr Auswahl zu haben und die dazu nötige Willensfreiheit, selbstbestimmt daraus zu selektieren. Willensfreiheit unterscheidet uns nicht nur vom Tier, sondern lustigerweise auch voneinander. Wenn Sie in der Bahn das nächste Mal ein Gegenüber als fatalistisch fremdgesteuert wahrnehmen, dann seien Sie sicher, er denkt dasselbe von ihnen.

Quelle: Pronin, Emily/Kugler, Matthew B. (2010): *People believe they have more free will than others*, in: *Proceedings of the National Academy of Sciences of the United States of America* 107, S. 22469–22474.

Der gute Feind

Ohne das Böse kein Gutes.

Wir sollen alle an das Gute glauben, Gutes tun und Gutes schützen. Doch tatsächlich ist es das Böse, das es den Menschen ermöglicht, das Gute zu erreichen. Mathematiker und ein Physiker haben in einem ausgeklügelten mathematischen Modell nachgewiesen, dass »zerstörerische Agenten« den Menschen helfen, die »Tragik der Allmende« zu verhindern. Paradox, aber wahr, eine bessere Welt ist nur mit dem chaotisch Bösen zu schaffen.

Grundlage der wissenschaftlichen Überlegung bildet die sogenannte evolutionäre Spieltheorie, in der es, grob zusammengefasst, um die mathematische Modellierung und Simulation sozialer Interaktionen geht. Zu derlei Simulationen greift man, wenn Experimente aufgrund der Größe des Untersuchungsobjekts nicht mehr möglich sind. Diese Simulationen gehen davon aus, dass Menschen sich immer aus einer Reihe verschiedener Handlungsmöglichkeiten für eine Option entscheiden, die ihnen Vorteil bringt – sie handeln strategisch. Ziel ist es, die beste Antwort auf die Strategie anderer Menschen zu finden. Bessere Entscheidungen als andere Menschen zu treffen, führt zu besseren Ergebnissen und damit zum eigenen Erfolg, und der setzt sich durch.

Aber zurück zum Thema: Gesellschaften ergeben sich aus dem Zusammenspiel ihrer Mitglieder. Menschen bemühen sich beispielsweise darum, gemeinsam ein öffentliches Gut zu erarbeiten, das alle Mitglieder ihrer Gruppe nutzen können, wie zum Beispiel den öffentlichen Nahverkehr. Dabei gibt es drei mögliche Strategien. Strategie eins: Man kann kooperieren und an einem Gut arbeiten, oder man kann für ein Gut bezahlen – aus Zusammenarbeit entsteht eine Gesellschaft. Strategie zwei: Man kann alternativ aber auch nicht kooperieren und als Schwarzfahrer von dem Gut profitieren, ohne etwas dazu beizutragen bzw. dafür zu bezahlen. Strategie drei: Zerstörerische Agenten repräsentieren die dritte Option, weder zum Gemeingut beizutragen und dafür zu bezahlen, sondern es einfach zu zerstören. Dazu zählen beispielsweise Chaoten und Randalierer, die sinnfrei beschädigen oder zerstören.

Mithilfe der evolutionären Spieltheorie konnten die Wissenschaftler die möglichen Ergebnisse mathematisch bestimmen:

Am Anfang kooperieren alle Mitglieder der Gemeinschaft, zahlen beispielsweise Steuern und Fahrgelder, um eine Straßenbahn zu finanzieren. Das ruft Schmarotzer hervor, die Steuern hinterziehen oder schwarzfahren. Zunächst kann die Gemeinschaft der Kooperierenden das Trittbrettfahrertum ermitteln und bestrafen. Dennoch wächst deren Zahl. Ab einem bestimmten Punkt – die Forscher nennen ihn Gleichgewicht – wäre die Bestrafung der Trittbrettfahrer zu kostspielig und damit insgesamt ruinös – etwa wenn man massiv Kontrollbehörden aufbaut oder die Polizei aufstockt. Ein dauerhaft ruiniertes Gemeinwesen auf niedrigstem Niveau wäre die Folge. Niemand würde mehr freiwillig den vollen Steuersatz zahlen oder jederzeit Fahrgeld, denn es lohnt sich ab einem bestimmten Punkt nicht mehr, als Einzelner in vollem Maß zu einem Gemeingut beizutragen. Ohne »zerstörerische Agenten« würde sich daran nichts ändern.

Gibt es jedoch zerstörerische Agenten innerhalb einer Gruppe, dann geschieht modellhaft Folgendes: Am Anfang kooperieren die meisten Mitglieder und tragen zum Allgemeingut bei. Trittbrettfahrer konsumieren erfolgreich die Vorteile des öffentlichen Gutes, ohne zu bezahlen. Mit der Zeit steigt allerdings die Zahl der Trittbrettfahrer, was dazu führt, dass auch immer weniger der Kooperateure zum Gemeingut beitragen wollen. Das Volumen des Gemeinguts schrumpft. Als Folge dessen gewinnen zerstörerische Agenten an Einfluss – sie drohen das von der geringen Anzahl verbleibender Kooperateure erzeugte Gemeingut völlig zu zerstören.

Dies wiederum führt dazu, dass sich Kooperation wieder allgemein durchsetzt, weil sich alle zusammenschließen, um das Gut zu erhalten. Kooperateure und Trittbrettfahrer kämpfen gemeinsam gegen das Chaos und die, die es verursachen. Die Forscher erklären das Ergebnis ihrer mathematischen Kalkulation so: Trittbrettfahrer reagieren besonders empfindlich auf Gefahren für die Gesellschaft. Denn auch wenn sie nicht zum Gemeingut beitragen, sichert die Gesellschaft ihr Überleben. Das Auftreten zerstörerischer Agenten bringt sie folglich dazu, für den Erhalt des Gemeinwesens zu kämpfen – zumindest solange bis die Gefahr gebannt ist. Das »Böse« sorgt folglich dafür, dass sich selbst die größten Egoisten zusammenreißen.

Dies ist zwar nicht der optimale, aber insgesamt der günstigste Fall. Es ist außerdem das wahrscheinlichste und stabilste Gleichgewicht, so die Forscher.

Nachdem das Chaos besiegt ist, brechen dann die alten Rivalitäten wieder aus, bis die Chaoten wieder gefährlich werden und so weiter und so fort. Die Forscher vergleichen das mit dem zweiten Weltkrieg, in dem sich beispielsweise die USA und die UdSSR gegen Nazi-Deutschland zusammengeschlossen haben, um sich nach dem gemeinsamen Sieg gegenseitig auszubooten.

Das Modell eröffnet eine neue, aber paradoxe Sichtweise auf das sogenannte Böse. Denn die Dynamik, die das Böse in die Welt bringt, sorgt, zugespitzt formuliert, dafür, dass sich Kooperation lohnt. Das Böse auszumerzen, indem man etwa einen teuren Polizeiapparat aufbaut, würde gleichzeitig den positiven Effekt zerstören: Das Böse führt dazu, dass die Gemeinschaft zusammenrückt und kooperiert – dazu, dass Menschen zerstörerische Zeiten fürchten, was im Voraus die notwendige Zusammenarbeit erst ermöglicht, die Anarchie verhindert. Der Mensch ist als soziales Wesen auf das Böse angewiesen – gezwungene Feindesliebe.

Quelle: Camacho, Juan/Cuesta, José A./Requejo Rubén J. (2011): *The joker effect: Cooperation driven by destructive agents*, in: *Journal of Theoretical Biology* 279, S. 113–119.

Me, Myself and Stalin

Je mehr Opfer ein Täter auf seinem Gewissen hat, desto weniger Strafe hat er zu erwarten.

Strafe ist eines der wichtigsten ordnungspolitischen Instrumente, um das Zusammenleben der Menschen zu steuern. Deshalb sollte die Schwere der Tat der Schwere der Strafe möglichst entsprechen. Weit gefehlt! Das Gegenteil ist der Fall.

Je mehr Opfer ein Täter auf dem Gewissen hat, desto weniger Strafe hat er zu erwarten. Untersucht man US-amerikanische Geschworenenurteile der letzten zehn Jahre, dann zeigt sich, wie unterbelichtet der Mensch ist, wenn die Wahrheit ans Licht kommt. Es ist wohl eine der größten Paradoxien in allen menschlichen Gesellschaften.

Auch Laborexperimente lassen diese Tendenz erkennen. So lässt sich zeigen, dass das Mitgefühl für einen einzelnen Menschen stets stärker ist als für große Menschengruppen. Dieses Unvermögen, Empathie für eine größere Gruppe von Menschen zu empfinden, führt zu einem Missverhältnis zwischen Gefühl und Schwere eines Verbrechens. Der Mensch kann dieses Missverhältnis nicht spüren. Der Mensch kann die Tragödie eines einzelnen Menschen erkennen, für mehr fehlt ihm aber der Sinn. Eine traurig-peinliche Disproportionalität.

Je größer und wahrscheinlicher ein Verbrechen oder ein Problem (wie Massenmord oder Klimawandel), desto schneller sinkt das Problembewusstsein dafür, und desto schneller wächst die Ignoranz. Je weniger man die Augen vor etwas verschließen kann, desto leichter fällt es einem. Es ist eine Fehlleistung unseres Mitgefühls, meinen die Forscher. Der Mensch besitzt Gefühlskapazität nur dafür, sich in einen einzigen Menschen hineinzuversetzen. Gefühle können nicht mit der Opferzahl multipliziert werden.

Die Experimente waren so simpel wie deren Ergebnis schrecklich: In einem ersten Experiment wurden 60 Probanden gebeten, einer kleinen Kriminalgeschichte zu lauschen. In diesem Wirtschaftskrimi betrog ein Finanzberater, ein fiktiver »Mr. Aeker«, seine Kundschaft in einem Pyramiden-System. Von dieser Geschichte gab es zwei Versionen. Für einen Teil der Gruppe bestand die betrogene Kundschaft aus nur zwei Menschen, für die andere aus 30 Menschen. Anschließend sollten die Probanden die Schwere der Tat auf einer Zehnpunkteskala bewerten sowie eine Strafe empfehlen, die sie für angemessen hielten. Erschreckenderweise empfahlen diejenigen Probanden härtere Strafen, die die Version mit nur zwei Opfern gehört hatten.

In einem zweiten Experiment lauschten die Probenden, wieder in zwei Gruppen eingeteilt, einem fiktiven Fall, in dem eine Lebensmittelfirma verdorbene Nahrungsmittel vertrieb, die Konsumenten krank machte.

Die erste Gruppe erfuhr von zwei Opfern, die zweite Gruppe von 20. Und wieder zeigt sich das paradoxe Unvermögen: Die Probanden mit zwei Opfern beurteilten den Lebensmittelskandal als schwerer und verlangten härtere Strafen für die Verantwortlichen. In keinem einzigen Fall wurde eine größere Straftat mit der härteren Strafe bedacht. »Ein einzelner Fall ist eine Tragödie, viele Fälle sind eine Statistik.« Der Mensch an sich agiert wie Stalin, von dem das vorangestellte Zitat stammt.

Und dieses Paradox bestimmt auch unsere Gesellschaft als Ganzes, wie die Forscher außerdem eindrucksvoll beweisen können. Sie untersuchten 136 US-amerikanische Juryurteile zwischen 2000 und 2009, in denen es um von Chemiekonzernen verursachte Naturverschmutzungen durch giftige Chemikalien geht. Und sie erkannten auch auf dieser Ebene, dass die Höhe der verhängten Schadenszahlungen mit der Anzahl der betroffenen Opfer sank!

Quelle: Nordgren, Loran F./McDonnell, Mary-Hunter Morris (2010): *The Scope-Severity Paradox: Why Doing More Harm Is Judged to Be Less Harmful*, in: *Social Psychological and Personality Science*, S. 1–6.

Moralisch geblendet

Der Mensch lässt sich gern vom Ruhm blenden.

Das gilt leider nicht nur für das große Ganze, sondern auch für die vielen Staatsoberhäupter und Superstars. Auf die lassen wir nichts kommen, egal wie groß deren moralische Verfehlungen, wir bewundern sie weiter. Ein dummer Effekt sorgt dafür, dass ausgerechnet bei denen Fehlverhalten keine Rolle spielt, bei denen es besonders folgenreich ist. Wir sind dermaßen fasziniert von Lichtgestalten und ihrer Leuchtkraft, dass sie uns tatsächlich blenden. Aus diesem Grund überleben Politiker, Firmen und Stars viele Skandale.

Das liegt tatsächlich daran, dass die Ursache ihrer Bekanntheit, ein besonderes Talent oder eine besondere Stellung, auch noch so negative Fehltritte überstrahlt. Letztendlich fällt es schwer, den Blick vom Licht abzuwenden, wie das Reh im Scheinwerferlicht. Was man einmal im guten Licht gesehen hat, dessen Schatten sieht man nimmermehr. Bestimmte positive Attribute werden überbewertet, was dazu führt, dass negative Attribute wiederum bagatellisiert werden. Im Licht einer einzigen besonders bekannten Eigenschaft sonnt sich entspannt die Unmoral.

Dieser Effekt wirkt, weil man gedanklich beispielsweise zwischen einem Menschen als Autor, Sportler, Politiker und ihm als Privatmann unterscheidet. Auf diese Weise entkoppelt man Moral von Taten. So können wir einen unmoralischen Politiker ohne Skrupel weiter wählen. Das führt dazu, dass wir die Unmoral einer öffentlichen Figur zwar wahrnehmen, aber dies die Beurteilung ihrer Leistung nicht beeinflusst.

Forscher entdeckten diesen Effekt, indem sie 483 Versuchsteilnehmern unterschiedliche Szenarien schriftlich vorlegten, in denen Personen des öffentlichen Lebens moralische Verfehlungen begingen. Anschließend bot man den Probanden eine Reihe von Argumenten, die die Tat entweder verharmlosten oder den Fehltritt von der Tätigkeit entkoppelten. Daraus sollten die Probanden diejenigen wählen, die ihren Ansichten am ehesten entsprachen. Das Ergebnis zeigt, dass die Versuchspersonen überwiegend die zweite Strategie wählten. Das geschah auch, wenn die Verfehlung vergleichsweise wenig wichtig war, etwa bei Szenarien, in denen Politiker dopen oder Sportler Steuern hinterziehen.

Eine Art eingebaute Skandalblindheit im moralischen Sinne. Im Laufe des Lebens vernarbt dann sogar die Urteilskraft – die Hornhaut der Moral. In einem solchen Fall folgt man dem fehlgeleiteten Präsidenten, CEO oder anderen Spitzenleuten fast blind.

Quelle: Bhattacharjee, Amit/Berman, Jonathan Z./Reed II.Americus (2012): *Tip of the Hat, Wag of the Finger: How Moral Decoupling Enables Consumers to Admire and Admonish*, in: *Journal of Consumer Research* 39, S. 000.

Den Abzug am Finger

Nicht Menschen töten Menschen. Waffen töten Menschen.

Menschen töten Menschen! Waffen sind nur Instrumente dazu. Stimmt diese Ansicht wirklich, oder ist es doch umgekehrt?

Forschungsbemühungen zu diesem Thema zeigen, dass die Anwesenheit von Waffen Aggressivität und Feindseligkeitsgefühle verstärkt. Da Waffen gedanklich eindeutig mit Aggressivität in Verbindung gebracht werden, aktivieren sie als Hinweisreiz Aggressivität. Anders formuliert: Waffen benutzen quasi die Menschen.

In einer entsprechenden Studie bat man 100 Versuchspersonen darum, einen schriftlichen Problemlösungstest zu absolvieren. Jeder Versuchsperson war ein Partner zugeordnet, der den Test ebenfalls löste. Der zugeordnete Partner gehörte in Wirklichkeit zum Forscherteam und löste die Aufgabe in jeder Paarung gleich gut.

Danach wurden die Lösungen ausgetauscht und gegenseitig bewertet. Zur Bewertung der Tests sollten die Probanden milde (!) Elektroschocks austeilen. Einer sehr guten Bewertung entsprach nur ein einziger Schock, einer sehr schlechten Bewertung entsprachen zehn Schocks. Die Probanden sollten ihre Partner für gemachte Fehler quasi bestrafen.

Währenddessen lag entweder ein 0,38-Kaliber-Revolver und eine 12er-Schrotflinte, ein Federballschläger oder einfach nichts in der näheren Umgebung. Die höchste Zahl an Elektroschocks verteilten die Versuchsteilnehmer, bei denen während der Bewertungsphase die beiden Waffen im Sichtfeld lagen. Das tatsächliche Testergebnis spielte also nur eine eher untergeordnete Rolle – Hauptsache, es durfte ausgeteilt werden. Die Probanden der objektfreien Gruppe gaben durchschnittlich 2,5 Schocks, die Gruppe mit den neutralen Objekten 4,5 Schocks und die Waffengruppe 5,8 ab.

Die Schusswaffe ist eine Art »Abzug« für Aggressivität. Insofern bemächtigt sich die Waffe ihres Benutzers. Im übertragenen Sinne: Der Abzug drückt den Finger, nicht der Finger den Abzug – *Peng*.

Es geht noch weiter, denn im Prinzip wählt die Pistole sogar das Ziel. Forscher fanden heraus, dass eine Person, die eine Pistole in der Hand hält, automatisch davon ausgeht, andere seien auch bewaffnet. Das ist u. a., so die Forscher, die Erklärung dafür, dass Polizisten unbewaffnete Verdächtige erschießen. Als Waffenträger sind sie prädisponiert, bewaffnete Gegenwehr zu sehen, auch dort, wo keine ist.

Das funktioniert so: Das Halten einer Waffe führt dazu, dass man deren Nutzung gedanklich durchspielt. Das geistige Vorwegnehmen wiederum verändert die Wahrnehmung, so dass Waffenbesitz wahrscheinlich wird. Dies jedoch provoziert Überreaktionen auf uneindeutige Reize. Kurz: Man sieht Waffen, wo keine sind.

In fünf Experimenten wurden Versuchspersonen auf einem Bildschirm Bilder von Menschen mit der Bitte gezeigt, anzugeben, ob dieser Mensch eine Pistole oder ein neutrales Objekt hält. Ein Teil der Probanden hielt dabei jeweils eine Spielzeugpistole, der andere Teil jeweils eine Kunststoffkugel in der Hand. Unabhängig von der Situation und den Merkmalen der gezeigten Personen erkannten Versuchspersonen mit Waffe in der Hand häufiger Waffen, die nicht da waren, als die Teilnehmer der Vergleichsgruppe.

Generell haben wir eine egozentrische Sicht auf menschliches Verhalten, das mitnichten allein von den eigenen Motiven gelenkt ist. Die oben beschriebenen Effekte zeigen, dass man nicht nur bewusst oder unbewusst, sondern auch komplett umgebungsabhängig reagiert.

Quelle: Berkowitz, Leonard/Le Page, Anthony (1967): *Weapons as Aggression-Eliciting Stimuli*, in: *Journal of Personality and Social Psychologie* 7, S. 202–207.
Witt, Jessica K./Brockmole, James R. (2012): *Action Alters Object Identification: Wielding a Gun Increases The Bias to See Guns*, in: *Journal of Experimental Psychology: Human Perception and Performance* 16.

Stupidity and the City

Stadt macht dumm.

Insbesondere die Manhattans dieser Welt, und davon gibt es überraschend viele, sind ein Menetekel für das, was in Zeiten rapider Verstädterung auf uns zukommt: Sie machen uns dumm! Das behaupten zumindest Forscher, die die Wirkung der Städte auf unser Gehirn untersuchten. Kurz mal zum Shoppen in die City: volle Einkaufstüten, leerer Geist? Ein Spaziergang durch die Stadt sorgt für Vergesslichkeit und zudem noch üble Laune.

Die Forscher statteten 20 Versuchspersonen mit GPS-Empfängern aus und unterteilten sie in zwei Gruppen. Die eine Gruppe schickte man für 50 Minuten auf einen Stadtspaziergang, die andere ebenso lang aufs Land. Anschließend durchliefen sie eine Reihe psychologischer Tests. Die Stadtgruppe erzielte im Durchschnitt dramatisch schlechtere Ergebnisse als die Landliebe-Kontrollgruppe. Auch in den Tests, mit denen man das Arbeitsgedächtnis maß, versagten die Probanden der städtischen Gruppe. Außerdem waren sie schlechter gelaunt. Die ländliche Gruppe hingegen zeigte durchweg gute Ereignisse. Offensichtlich hat die Natur positive Effekte auf die geistige Leistungsfähigkeit, während die Stadt einfach nur blöd macht.

Quelle: Berman, Marc G./Kross, Ethan/Krpan, Katherine M./Askren, Mary K./Aleah, Burson/Patricia J., Deldin/Kaplan, Stephen/Sherdell, Lindsey/Gotlib, Ian H./Jonides, Jonides (2012): Interacting with nature improves cognition and affect for individuals with depression, in: Journal of Affective Disorders, S. 1–6.

Negativausschläge nach oben

Je höher die Wolkenkratzer, desto näher die Wirtschafts-
krise.

Gigantische Hochhäuser gelten als Zeichen von wirt-
schaftlicher Stärke, als Schmuck des kapitalistischen
Systems – so etwas wie eine versteinerte Stange Geld. Bei
genauerer wissenschaftlicher Betrachtung jedoch entpuppen sich derlei architektonische Extravaganzen als
Mahnmahle historischer Wirtschaftskrisen: Es existiert
eine verhängnisvolle Gesetzmäßigkeit, denn sowohl die
Anzahl geplanter Skyscraper als auch deren Höhe steht
im Zusammenhang mit Börsencrashs und Wirtschaftskrisen. Wolkenkratzer kratzen nicht nur am Firmament,
sondern auch an der Rendite der Aktienmärkte. Die Ren-
diten sind in Zeiten erhöhten Bauaufkommens durchschnittlich um zehn Prozent geringer als in Zeiten mit
geringem Bauvolumen. Wahrscheinlich hat dieser Zusammenhang schon mit dem Bau von Babel begonnen.
   Der Forscher, der diesem Phänomen auf die Spur
kam, nutzte dazu die Datenbanken von Emporis, einem
privaten Informationsdienst mit Ausrichtung auf gebäu-
debezogene Informationen. Man erhält Auskunft über
geplante Projekte oder den Baustatus von sich bereits
im Bau befindlichen Projekten. Die jeweilige Höhe der
Türme bezieht sich auf Gebäude mit Nutzfläche, die ge-
werblich und/oder privat nutzbar sind. Ausgeschlossen
wurden Funktürme und andere Hochbauten dieser Art.
Diese Angaben verglich der Forscher statistisch mit den
gemittelten Daten des Aktienmarktes der USA. Der Bau

von Hochhäusern, die den internationalen Höhenrekord brechen oder die höher als hundert Meter sind, korreliert negativ mit dem am Aktienmarkt gemachten Gewinnen. Je häufiger Wolkenkratzer gebaut werden, desto wahrscheinlicher ist eine Börsenkrise. Und: je höher die Bauten, desto größer und tiefer die Krise. Die Analyse zeigt, dass insbesondere Rekordwolkenkratzer den Verlauf der US-Aktienrenditen vorhersagen. Intensiver Hochhausbau ist damit ein Zeichen von übermäßigem Optimismus und Selbstüberschätzung – zumindest während des Betrachtungszeitraums der wissenschaftlichen Analyse. Der Zusammenhang ist so stabil und signifikant, dass man damit den Verlauf des Aktienmarktes besser vorhersagen kann, als wenn man seine Vorhersage auf die Dividendenrenditen stützt.

New York 1930, Chicago 1974, Kuala Lumpur 1997 und Dubai 2010, um nur einige Beispiele zu nennen. Das 2010 abgeschlossene, derzeit höchste Gebäude der Welt Burj Khalifa fällt mit der gegenwärtigen globalen Finanzkrise zusammen. Der Bauboom bei Wolkenkratzern verweist dabei immer auf eine weit verbreitete Fehlverteilung von Kapital und eine drohende Wirtschaftskorrektur. In Zukunft wird China wohl noch diesen Zusammenhang bestätigen, denn dort sind derzeit 53 Prozent aller im Bau befindlichen Wolkenkratzer zu finden.

Ob zu den Ursachen eine lasche Geldpolitik mit Niedrigzinsen oder unrealistischer Optimismus mit Übertreibungen am Aktien- und Immobilienmarkt zählen und dieses Missverhältnis begründen, ist jedoch noch strittig. Erklärend zieht der Forscher die sogenannte Rational Asset Pricing Theorie heran, nach der in Zeiten hoher

Risikobereitschaft die Finanzierung von Großprojekten wie Rekordtürmen einfacher ist und Renditeerwartungen geringer sind.

So konnte der Forscher mit Informationen, die nicht aus dem Finanzsektor stammen, die Entwicklungen auf dem Finanzmarkt vorhersehen und gleichzeitig eine der sichtbarsten Paradoxien der Menschheit entlarven. Wer hoch hinaus will, steht kurz vor dem Abgrund.

Dass Wolkenkratzer eher umgekehrte Abgründe sind, Negativausschläge, die einen Crash symbolisieren, statt Zeichen der Überlegenheit, ist zwar paradox, aber wahr. Die größten architektonischen Leistungen der Menschheit sind halbkluge Missverständnisse.

Quelle: Löffler, Gunter (2010): *Tower Building and Stock Market Returns*, in: *University of Ulm – Department of Mathematics and Economics Working Paper*, S. 1–22.

Selbstbetrüger-Überflieger

Der Mensch überschätzt seinen Beitrag.

Menschen schreiben sich Erfolg systematisch selbst zu – insbesondere dann, wenn dieser eigentlich nur durch Beihilfe oder gar Betrug möglich wurde. Zu gern unterschlagen sie – stets unbewusst – angenommene Hilfestellungen oder Vorteile, um so eine vermeintliche Überlegenheit zu suggerieren. Das ist der Grund, warum sich so viele fälschlicherweise für einen Selfmademan halten – man könnte dieses Phänomen auch als Selfmade-Selbstbetrug bezeichnen.

Forscher unternahmen einen Mathetest mit 76 Probanden, die man in zwei Gruppen aufteilte. Die eine Hälfte absolvierte zunächst eine »Übungsversion« des eigentlichen Tests, in dem die Lösungen bequem am unteren Seitenende des Aufgabenblatts abzulesen waren – eine Art eingebauter Spickzettel. Die andere Hälfte bekam einen Beispieltest ohne vorgegebene Lösungen.

Nicht überraschend schnitten die Versuchsteilnehmer der Gruppe mit der Übungsversion sehr viel besser ab als die Gruppe mit den Beispielaufgaben. Offenbar korrigierten die Probanden der ersten Gruppe ihre Fehler anhand der vorgegebenen Lösungen – nahmen die Hilfestellung also gerne an.

Anschließend bat man die Probanden einzuschätzen, wie gut sie einen zweiten Test unter realen Prüfungsbedingungen absolvieren würden. Die Übungsversionsgruppe war sich hier sehr sicher, den wirklichen Test noch besser bestehen zu können. Sie belogen sich selbst – spicken macht selbstbewusst. Die hilfreichen Lösungen auf dem Papier erzeugen den Schein von Wissen.

Folge dieses Selbstbetrugs war die Selbstüberschätzung. Denn im eigentlichen Test schnitten sie dann wesentlich schlechter ab, als sie gedacht hatten. Der Unterschied zwischen dem prognostizierten Erfolg und dem real erzielten Ergebnis war sehr viel größer als in der Vergleichsgruppe – und damit ein Maßstab für die Selbstüberschätzung. Anders bei der Vergleichsgruppe, wo die Prognosen sehr viel realistischer ausfielen.

In einem weiteren Experiment gleicher Bauart gratulierte man 78 Probanden nach der ersten Testphase zusätzlich mit einem Zertifikat für ihr »überdurchschnittliches« Testergebnis. Mit dem Ergebnis, dass sich die Schere zwischen realem Ergebnis und Erwartung noch weiter öffnete. Und wieder hatten die Versuchsteilnehmer keinen Schimmer, wie sehr sie sich belogen.

Wer Hilfestellungen bekommt, fühlt sich hinterher ungerechtfertigt schlauer. Man vergisst zu schnell den positiven Einfluss der Umgebung auf die eigene Leistung. Er wird sogar geleugnet, damit man den Triumph umso ausgiebiger genießen kann.

Zugespitzt formuliert: Wer in einer modernen Gesellschaft behauptet, der eigene Erfolg sei ausschließlich Resultat der eigenen Leistung, ist genauso peinlich wie der Hobbykoch, der stolz ein aufgewärmtes Fertiggericht präsentiert. Individueller Erfolg entspricht in modernen arbeitsteiligen Gesellschaften dem Convenience Food in der Ernährung – jeder denkt irrigerweise, er stecke allein dahinter.

Quelle: Chance, Zoë,/Norton, Michael I./Gino, Francesca/Ariely, Dan (2011): *Temporal view of the costs and benefits of self-deception*, in: *Proceedings of the National Academy of Sciences of the United States of America* 108, S. 15655–15659.

Verhalten schafft Bewusstsein

Wir hassen die Menschen, denen wir Schlechtes antun; nicht die Menschen, die uns Schlechtes antun.

Zunächst der weithin bekannte Effekt: Listige Forscher haben ein fingiertes Scheinexperiment unternommen. Man ließ darin Probanden glauben, lediglich einen beliebigen psychologischen Test zu absolvieren. Fürs Mitmachen bekamen sie einen Geldbetrag ausgezahlt. Und genau in diesem Moment begann das eigentliche Experiment. Ein Teil der Probanden wurde vom Versuchsleiter höchstpersönlich darum gebeten, das eben verdiente Geld dem angeblich notorisch klammen Forschungsinstitut zu spenden. Den anderen Teil der Probanden bat lediglich die Sekretärin darum. Eine dritte Gruppe wurde überhaupt nicht darauf angesprochen. Kurz darauf beantworteten die Probanden noch einen weiteren Fragebogen, in dem sie auf einer Skala von eins bis zwölf angeben sollten, wie sehr sie den Versuchsleiter »mochten«. Diejenigen, die der Sekretärin den Gefallen der Rückgabe taten, vergaben durchschnittlich eine Bewertung von 4,4. Diejenigen, die dem Versuchsleiter selbst den Gefallen getan hatten, gaben ihm im Durchschnitt eine formidable 7,2. Die Probanden, die dem Versuchsleiter einen Gefallen getan hatten, mochten ihn dann auch. Man hilft nicht dem, den man mag, sondern man schließt den ins Herz, dem man hilft. Aber es wird noch paradoxer.

Wie sieht es aus, wenn wir jemandem schaden statt helfen? Ein famoses Experiment bestand aus einem fingierten Lerntest. 24 männliche Probanden agierten als Lehrer. Sie sollten zwei Schülern einen bestimmten Takt beibringen, indem sie mit einem Holzstock auf Holzblöcke schlugen. Die Schüler wurden dann dazu aufgefordert, das Schlagmuster zu wiederholen. Der Versuchsplan sah Folgendes vor: Die eine Hälfte der Probanden sollte auf Fehler ihrer Schüler jeweils mit sanfter Korrektur reagieren. Die andere Hälfte sollte kritisieren und beleidigen und ihre Schüler unnötig hart bestrafen, sobald diese Fehler machten. Die Probanden wussten natürlich nicht, dass die beiden Schüler eingewiesene Schauspieler waren, den Takt bereits auswendig kannten und deshalb dieselben Fehler nach festem Versuchsplan machten. Es gab also keine wahrnehmbaren Unterschiede in der Leistung. Im Anschluss wurden die Probanden danach befragt, wie attraktiv und sympathisch ihnen ihre Schüler jeweils waren. Die Probanden, die ihre Schüler für Fehler bestrafen mussten, bewerteten sie durchschnittlich als unsympathisch und unattraktiv. Die Versuchsteilnehmer, die ihre Schüler ermutigen durften, bewerteten sie stattdessen als sympathisch und attraktiv. Behandelt man Menschen schlecht, entwickelt man auch eine Abneigung gegen sie.

Der Versuch beweist: Behandeln wir einen Menschen schlecht, empfinden wir ihn auch als schlecht. Wir passen also unsere Meinung unseren Handlungen an. Man sollte sich die Rollen genau aussuchen, die man spielt. Sie sind nicht nur ein Etikett, sie beeinflussen auch Denkinhalte. Schrecklich dumm, wie wir quasi immer die Falschen lieben oder hassen.

Quelle: Jecker, J./Landy, D. (1969): *Liking a person as a function of doing him a favour*, in: *Human Relations* 22, S. 371–378.
Schopler, John/Compere, John S. (1971): *Effects of being kind or harsh to another on liking*, in: *Journal of Personality and Social Psychology*, Vol 20(2), Nov 1971, 155–159.

Harte Arbeit zahlt sich nicht aus

Der Mensch stellt Talent über tatsächliche Leistung.

Wer hart arbeitet, aus dem wird etwas – eine durch die Wissenschaft entlarvte Plattitüde. Wie aktuelle Forschungsbemühungen zeigen, schätzen wir angeborenes Talent sehr viel mehr als hart erarbeiteten Erfolg.

Schlaue Forscher ließen 103 Probanden, zum einen Teil davon ausgebildete Musiker, zum anderen Otto Normalmusikkonsumenten, zweimal denselben Pianisten bewerten – selbstverständlich ohne dass die Probanden dies wussten. Die gingen also davon aus, dass es sich um zwei verschiedene Pianisten handelte, zu denen sie je eine fingierte Kurzbiographie bekamen. Die Biographien beschrieben entweder einen untalentierten Musiker, der es durch viel Arbeit zur Expertise gebracht hat, oder ein Naturtalent, das schon in frühen Jahren mühelos musikalische Perfektion erlangte. Erst nachdem sie die Biographie gelesen hatten, durften sie die Aufnahme hören. Danach benoteten die Probanden die Darbietung. Die Aufnahmen des »Naturtalents« wurden durchschnittlich als sehr viel besser bewertet.

Übung, Training, Fleiß und Ehrgeiz genügten nicht, Talent war den Probanden stets wichtiger.

Nur noch mal zur Erinnerung: Die Aufnahmen stammten von ein und demselben Pianisten. Gwhyneth Chen spielte zwanzig Sekunden lang Stravinskys drei Sätze aus *Petruschka*. Die Probanden hörten offenbar Phantomunterschiede.

Interessant ist außerdem, dass die eigenen Überzeugungen dem umgekehrten Muster folgten. Die Versuchspersonen antworteten in einem separaten Fragebogen, dass Übung und nicht Talent den Meister macht, dass harte Arbeit Talent übertrifft.

Erschreckenderweise waren es eher diejenigen mit musikalischer Erfahrung, die Talent unbewusst am stärksten überbewerteten. Ausgerechnet diejenigen, die eine musikalische Darbietung eigentlich objektiv bewerten können sollten, ignorieren die musikalische Qualität am konsequentesten.

Ein eindrucksvoller Beweis auch dafür, dass Können, egal ob in die Wiege gelegt oder hart erarbeitet, im Prinzip keine Rolle spielt – die eigentliche musikalische Leistung ist kein Kriterium. Fatal für eine Leistungsgesellschaft, denn Talent wird nicht als solches erkannt.

Da es sich bei den Probanden sogar um Leute in Entscheidungspositionen handelte, die Pianisten einstellen und das Musikprogramm in Konzerten und der Oper bestimmen, ist diese Fehlleistung umso bedenklicher.

Quelle: Tsay, Chia-Jung/Banaji, Mahzarin R. (2011): *Naturals and Strivers: Preferences and Beliefs about Sources of Achievement*, in: *Journal of Experimental Social Psychology* 47, S. 460–465.

Selbstgemachte Stereotypen

Unser Verstand ist weit davon entfernt, objektiv zu sein.

Vom Tellerwäscher zum Millionär? Die Literatur ist voll von American-Dream-Motiven; und wir lieben sie dafür. Doch was passiert, wenn wir tatsächlich einen Emporkömmling dabei beobachten, wie er versucht, seine Qualifikationsstufe nach oben zu verändern?

In einer Studie zeigte man 25 Versuchspersonen ein zwölfminütiges Video, in dem eine Fünftklässlerin einen mündlichen schulischen Test absolviert, bei dem sie schwere und leichte Antworten gleich oft falsch oder richtig beantwortet. Das Gesicht des Mädchens war nicht zu sehen, damit die Wahrnehmung nicht etwa aus Sympathie verzerrt wird. Der einen Hälfte der Versuchspersonen erzählte man vorher, das Mädchen stamme aus einer guten Gegend; der anderen Hälfte erzählte man, das Mädchen stamme aus einer schlechten Gegend, in der überwiegend Geringverdiener lebten. Danach bat man die Versuchspersonen, die »Intelligenz« des Mädchens zu beurteilen. Dazu zählte neben der Beurteilung der geistigen Fähigkeiten auch die der Leistungsbereitschaft, emotionale Reife usw. Obwohl die Versuchspersonen alle dieselbe Videoaufnahme sahen, beurteilten sie die Intelligenz ganz verschieden.

Diejenigen Versuchspersonen, die glaubten, das Mädchen stamme aus gehobenen Kreisen, hielten das Mädchen für durchschnittlich sehr viel intelligenter als die Versuchspersonen, die glaubten, das Mädchen stamme aus der Unterschicht. Hinterher bat man die Versuchspersonen um eine abschließende Begründung ihrer Bewertung. Die Probanden ignorierten also die relevanten Informationen (Video) und sahen das, was ihre Erwartungen beziehungsweise Vorurteile bestätigte: Jemand, der aus einer schlechten Gegend kommt, ist weniger intelligent – ein weit verbreitetes und verfestigtes Vorurteil. Die Herkunft bestimmt also zum großen Teil, wie erfolgreich ein Mensch sein kann. Das ist zwar nicht das Gegenteil von sozialem Aufstieg, wohl aber soziale Gefangenschaft.

Von Lumpen zu Lumpen, von Reichtümern zu Reichtümern. Nicht der Selfmademan ist Realität, sondern der Selfmade-Stereotyp – ein Vorurteil, das sich trotz gegenläufiger Fakten ins Bewusstsein »hocharbeitet«. Vorurteil und Beweis erscheinen uns identisch. Unser Hirn nutzt die Realität als Bildwand, auf die sie Vorurteile bzw. Bilder unseres Verstandes projiziert.

Die Forscher nennen dies »selektives Interpretieren«. Das heißt, die Wahrnehmungsinhalte werden so interpretiert, dass sie im Einklang mit Vorurteilen und Erwartungen stehen. Auf diese Weise nehmen Zuschauer mit unterschiedlichen Erwartungen ein und dasselbe unterschiedlich wahr. Unterschiedliche Erwartungen – unterschiedliche Realität.

Quelle: Darley, John M./Gross, Paget H. (1983): *A hypothesis-confirming bias in labeling effects*, in *Journal of Personality and Social Psychology*, 44, 20–33.

Sarrazin-Effekt

Wie Vorurteile sich selbst beweisen.

Was passiert, wenn öffentlich über die Intelligenzquotienten von Minderheiten sarrazinesk diskutiert wird? Die Besorgnis, einem bestimmten Stereotyp zu entsprechen, beeinflusst die geistige Leistungsfähigkeit der Menschen negativ, um die es in der Debatte geht. Diese Sorgen verursachen Gedanken von Angst und Stress, die wiederum einen Leistungsabfall verursachen.

Immigranten kennen generell Vorurteile über ihre Volksgruppe eher als die restliche Bevölkerung. Werden ihnen Stereotype und Vorurteile in einer Prüfungssituation, etwa in der Schule oder Universität, bewusst gemacht, führt dies zu schlechteren Testergebnissen – natürlich entsprechend dem Stereotyp. Selbst subtilste Hinweise führen zu massiven Folgen.

In einer klugen Versuchsreihe konnte dieser verheerende Zusammenhang nachgewiesen werden. Dafür bat man 114 weiße und afroamerikanische Studenten einer amerikanischen Eliteuniversität darum, einen Problemlösungstest zu absolvieren. Die Versuchsteilnehmer wurden unabhängig von ihrem Aussehen etc. in zwei Gruppen unterteilt. Der einen Gruppe beschrieb man den Test vorher als »Intelligenztest«, der anderen Gruppe als »Problemlösungstest« – es handelte sich aber um dieselben kniffligen Aufgaben.

Die Afroamerikaner der ersten Gruppe erzielten durchschnittlich sehr viel schlechtere Ergebnisse als die weißen Testabsolventen derselben Gruppe und als die afroamerikanischen Studenten der zweiten Gruppe. Tatsächlich löste die Ankündigung des Tests als »Intelligenztest« bei den Afroamerikanern Schwarzen-Stereotypen aus, wonach Afroamerikaner weniger intelligent seien als der durchschnittliche Weiße. Eine Art negative Assimilation, ausgelöst von einem Sog des Vorurteils – ein sich selbst erfüllendes Vorurteil – war die Folge. Dadurch beantworteten die afroamerikanischen Studenten die Fragen langsamer und schlechter. Zur Erinnerung:

Die afroamerikanischen Studenten, denen man den Test als »Problemlösungstest« präsentierte, zeigten genauso gute Ergebnisse wie die weißen Probanden der Intelligenztestgruppe.

Die durch Thilo Sarrazin ausgelöste Diskussion ist ein weiteres Beispiel dafür. Wird öffentlich gerade über die Intelligenz derjenigen debattiert, die mit ähnlichen Vorwürfen und Vorurteilen schon ihr ganzes Leben zu kämpfen hatten, löst dies eine tiefe Unterlegenheitsangst aus. Manchmal genügt auch schon der Hinweis, es handle sich um einen Intelligenztest – wenn die Intelligenz einer Gruppe öffentlich angezweifelt wird.

Diese Angst ist ausgerechnet bei denen am größten, die sich die meiste Mühe geben oder die Fähigkeiten haben (siehe *Die geistige Elite ist auch nur Mittelmaß*), diesen Vorurteilen nicht zu entsprechen.

Quelle: Steele, Claude M/Aronson, Joshua (1995): *Stereotype threat and the intellectual test performance of African Americans*, in: *Journal of Personality and Social Psychology* 69, S. 797–811.

Unglücksschmied

Die Welt darf nicht schlecht und ungerecht sein.

Die ganzen Hartz-4-Empfänger sind doch alle selbst schuld. Jeder ist seines (Un-)Glückes Schmied. Dieser Allgemeinplatz existiert in vielen Köpfen – ist aber ein saudummer Denkfehler. Sieht man jemanden leiden, schießen sofort Beleidigungen oder negativ gefärbte Charakterisierungen in den Kopf. Es fallen Sprüche wie

»Was man sät, das wird man ernten« oder »Wie man in den Wald hineinruft, so schallt es heraus«. Menschen, die im Spiel des Lebens verlieren, müssen etwas dazu beigetragen haben – so das allgemein bekannte Urteilsschema. Wer arm ist, dem fehlt die richtige Arbeitseinstellung, wer gehänselt wird, der muss auch etwas dazu getan haben, und wer krank ist, der hat eben einfach nicht gesund gelebt. Kennen Sie das?

Wir sind wie dafür gemacht, die Welt, so wie sie ist, als gerecht und fair zu sehen. Demnach muss jeder, dem etwas zugestoßen ist, auch etwas getan haben, um sich in diese Situation zu bringen. Was einem zustößt, Glück oder Leid, ist deshalb stets verdient, glaubt man.

Forscher haben diese abgründige Tendenz eindrucksvoll nachgewiesen. In einer entsprechenden Studie sollten 72 Probandinnen eine Frau zehn Minuten lang dabei beobachten, wie sie, an einen Schockapparat angeschnallt, Testaufgaben löst. Bei Fehlern wurde sie bestraft. Eine ziemlich unverhältnismäßige Behandlung. Die Frau simulierte nur, wovon die Versuchsteilnehmer aber nichts wussten.

Die Forscher gaben der einen Hälfte der Probanden anschließend die Möglichkeit zu entscheiden, ob dieselbe Frau auch an einem weiteren Versuch teilnehmen sollte, der anderen Hälfte aber nicht. Die Versuchsteilnehmer konnten das Opfer also von ihrer Qual befreien. Die andere Hälfte konnte an den Unannehmlichkeiten nichts ändern.

Zusätzlich bat man alle Teilnehmer unter anderem darum, die Leistung und Attraktivität der Frau zu beurteilen. Statt sich geschockt über die schlechte und unverhältnismäßige Behandlung zu zeigen, neigten die Probandinnen der Gruppe ohne Einfluss eher dazu, die Frau abzuwerten, sie charakterlich herabzustufen. Letztendlich hielten sie die Bestrafung mit Elektroschocks sogar für weitgehend fair. Da die Probanden nichts dagegen unternehmen konnten, so die Forscher, reagierten sie mit einem unverhältnismäßigen Vertrauensvorteil für die Welt und akzeptierten den Stand der Dinge einfach. Wenn etwas unerträglich ist und man glaubt, daran nichts ändern zu können, findet man es so in Ordnung, wie es ist.

Das funktioniert auch andersherum. Wenn nur schlechten Leuten Schlechtes zustößt, dann sind Leute, die einfach Glück haben, eben auch die besseren Menschen.

In einer anderen Studie brachten Forscher Versuchspersonen dazu, ein Rätselspiel zu beobachten. Zwei von Versuchsleitern angeleitete Schauspieler spielten ein einfaches Ratespiel. Am Ende wurde ein hohes Preisgeld nach Zufallsprinzip an einen der beiden ausgezahlt – das heißt bei der Hälfte der Spiele bekam der schlechtere Spieler die Belohnung. Die Probanden wurden ausdrücklich darüber informiert, dass die Belohnung nicht nach Leistung, sondern völlig zufällig zugeteilt wurde. Im Prinzip handelte es sich um eine Lotterie. Danach bat man die Beobachter darum, die beiden Männer zu beurteilen. Überraschenderweise beurteilten die Probanden den Mann, der die Belohnung erhielt, durchschnittlich als intelligenter, begabter, eben als besser geeignet, um Rätsel zu lösen. Auch wenn der Mann die Belohnung offensichtlich ungerechtfertigt erhielt – es passierte ja vollkommen zufällig –, hielten die Beobachter dies für gerechtfertigt und verdient. Das Pokerspiel ist eines der besten Beispiele.

Der Mensch will die Welt als fair betrachten, selbst dann, wenn sie es nicht ist. Man hegt nicht nur eine begünstigende Haltung gegenüber erfolgreichen Menschen, sondern auch eine geringschätzende gegenüber benachteiligten Personen. Es ist schon fast putzig, wie sehr die Menschen daran glauben, dass diejenigen, die es wirklich ehrlich probieren und hart arbeiten, Erfolg haben und nur die faulen und betrügerischen Menschen scheitern. Der eigene Selbstbetrug wird ignoriert. Diese falsche Sicherheit hält so lange an, bis es sie einmal selbst erwischt.

Das kann gelegentlich ziemlich unerträglich sein: Der Glauben an eine gerechte Welt sitzt so tief im Menschen, dass selbst Betroffene daran glauben. Vergewaltigungsopfer beispielsweise machen sich für ihr Schicksal selbst verantwortlich.

38 Krisenzentren für Vergewaltigungsopfer mit jeweils durchschnittlichen 335 jährlichen Opfern wurden über ihre Erfahrung mit Vergewaltigungsopfern befragt. Ziel des Fragebogens war die Feststellung, ob und welche Selbstvorwürfe sich die Frauen machten. Interessantestes Ergebnis: Die Frauen, die sich selbst für schuldig hielten, sahen ihre Schuld vor allem in ihrem eigenen Verhalten (z. b. »ich hätte nicht alleine ausgehen sollen«), nicht aber in ihrem Charakter (z. b. »ich bin ein schwacher Mensch und konnte nicht ›nein‹ sagen«). Die Forscher vermuten, dies liege daran, dass man Verhalten kontrollieren kann, den Charakter aber nicht. Damit bleibt die Vorstellung erhalten, die Situation sei kontrol-

lierbar gewesen. So bleibt die Welt gut, nur man selbst ist schlecht. Man wertet sich ab, um die Welt aufzuwerten. Dieser Glauben an die persönliche Kontrolle entlässt die Welt aus ihrer Ursächlichkeit. Eine uns allen einge baute Verhaltensstörung, die unser Bild von der Welt störungsfrei hält.

Quelle: Lerner, Melvin J./Simmons, Carolyn H. (1966): *Observer's reaction to the »innocent victim«: Compassion or rejection?*, in: *Journal of Personality and Social Psychology* 4, S. 203–210.
Janoff-Bulman, Ronnie (1997): *Characterological versus behavioral self-blame: Inquiries into depression and rape*, in: *Journal of Personality and Social Psychology* 37, S. 1798–1809.

Macht kaputt, was kaputt macht, was euch kaputt macht!

Wir hängen daran, wo und wie wir leben, auch an Not und Leid.

In der Regel verteidigen ausgerechnet die Menschen den Status quo am meisten, die am wenigsten von ihm profitieren bzw. unter ihm leiden. Die Welt, so wie sie ist, gerecht zu finden, ist nicht die Ideologie der Begünstigten, sondern eine Art Antidepressivum der Benachteiligten.

Was paradox erscheint, konnten Wissenschaftler tatsächlich erfolgreich aufzeigen. Kurz: Man schützt, was einen kaputt macht. Auch gesamtgesellschaftlich ist es so, dass wir eher die Quelle des Leids statt deren Lösung bereitwillig akzeptieren.

Wissenschaftler untersuchten die Auswirkungen von Einkommen und Bildung auf die Bereitschaft, Systemkritik und Redefreiheit einzuschränken und auf diese Weise die bestehende Ordnung zu verteidigen.

Dazu befragte man 1345 Menschen in den USA danach, was ihrer Ansicht nach nötig sei, um aktuelle gesellschaftliche Probleme zu lösen. Vermuten ließe sich, dass vor allem sozial Schwache Kritik an den bestehenden Verhältnissen und deren Institutionen befürworten. Das Ergebnis verwundert: Unter den gegebenen Lösungsvorschlägen fanden sich Maßnahmen, sowohl die Presse- als auch die Redefreiheit einzuschränken – also Journalisten und Bürger daran zu hindern, die Regierung zu kritisieren. Gleichzeitig fragte man nach dem Einkommen der Befragten. Danach verglich man die Daten und war bestürzt. Ausgerechnet die schlechter Gestellten befürworten eine Beschränkung politischer Freiheiten. Angehörige benachteiligter Gruppen hassen Kritik am System.

Doch damit gaben sich die Forscher nicht zufrieden. Und überprüften, ob Arme ihre Armut für legitim halten oder sogar für notwendig erachten. Die Forscher sichteten dazu die Daten repräsentativer Bevölkerungsbefragungen Tausender US-Bürger danach, ob diese ökonomische Ungleichheit für richtig hielten. In diesen Befragungen finden sich Fragen danach, ob Ungleichheit notwendig sei und ob Lohnunterschiede gerechtfertigt sind. Aber auch Aussagen wie diese: »Nur wenn die Unterschiede im Einkommen groß genug sind, gibt es einen Anreiz für individuelle Anstrengung«, denen die Befragten entweder zustimmen oder nicht zustimmen konnten. Wieder bezog man die Einkommenshöhe der Befragten mit ein. Tatsächlich: Einkommensschwache

verteidigten große Einkommensunterschiede und Ungleichheit deutlich.

Wer eigentlich besonders Interesse daran hätte, dass
sich etwas verändert, erkennt diese Notwendigkeit am
wenigsten. Mehr noch, er verbietet sich auch, die aktuelle
Situation zu hinterfragen. Das falsche Leben im Falschen.
Ein Grund dafür, dass die Welt so bleibt, wie sie ist.

Quelle: Jost, John T./Pelham, Brett W./Sheldon, Oliver/Ni Sullivan, Bilian
(2003): *Social Inequality and the Reduction of Ideological Dissonance on Be-
half of the System: Evidence of Enhanced System Justification Among the
Disadvantaged*, in: *European Journal of Social Psychology* 33, S. 13–36.

Opfer-Abo

Der Mensch konkurriert um die Opferrolle.

Wenn man es sich genau überlegt, ist der Mensch schon
irgendwie ein Opfer – seit Entstehung der Gattung und
seiner Geburt. Ein Opfer seiner Fehlkonstruktionen und
Einschränkungen. Tatsächlich rückt den Menschen nicht
nur sein Unvermögen in eine Opferrolle, der Mensch
suhlt sich sogar in dieser Rolle – nicht als Taktik, etwa
der Schuldabwehr, sondern ohne es zu merken, unbewusst und unwillkürlich. Der Mensch übernimmt die Opferrolle nicht, sie ist ihm vielmehr in sein Selbstbild eingebaut. Es ist also kein »Opfer werden«, sondern ein »Opfer
sein«. Eine vorprogrammierte Selbstunterdrückung. Viel
mehr noch – der Mensch sieht sich automatisch in einer
Art Wettbewerb, wer denn nun das größere Opfer sei.

In mehreren Experimenten konnte gezeigt werden,

dass Vorwürfe oder Beschuldigungen sofort unbewusst eine Opfersicht auslösen. Aber von vorn: Die Forscher testeten, wie männliche Versuchspersonen auf eine Beschreibung reagierten, die sie als Mitglied einer diskriminierten Gruppe schilderte.

49 männliche Teilnehmer wurden gebeten, an einer Befragung teilzunehmen. Zuvor mussten sie einen von den Forschern fingierten Artikel lesen, in dem Frauen entweder als Nichtopfer, verdiente Opfer oder als von Männern diskriminiert porträtiert wurden. Die als normale Zeitungsartikel getarnten Texte waren dazu gedacht, die Wahrnehmung der Probanden zu rahmen. Schließlich wurden die Probanden gebeten, folgenden Satz zu vervollständigen:

In der heutigen Gesellschaft werden Männer im Vergleich zu Frauen _____ diskriminiert. (1 = insgesamt weniger, 4 = viel, 7 = sehr stark).

Unerwarteterweise machten sich vor allem die Probanden zum Opfer, die mit dem Artikel konfrontiert worden waren, wonach Männer Frauen unterdrücken, trotz der negativen Nebenbedeutung, die eine Opferrolle birgt – wer ist schon gerne das »Opfer«? Tatsächlich ergab sich daraus für die befragten Männer eine Wettbewerbssituation. Als ob es darum ginge, das größte Opfer zu sein. In den beiden anderen Gruppen reagierten die Männer anders, sie fühlten sich im Durchschnitt wenig bis überhaupt nicht diskriminiert. Allein die Männer der Gruppe, denen der Artikel einen Wettbewerb suggerierte, reagierten auf diese Weise. Die männlichen Probanden, so die Forscher, fühlten sich moralisch bedroht und begaben sich unbewusst in die Opferrolle. Als Mitglieder einer höheren Statusgruppe begannen die Probanden mit einer niedrigeren Statusgruppe um die Opferrolle zu konkurrieren.

Die Forscher erkannten dadurch, dass der Mensch so automatisch auf viele Widerstände reagiert. Indem er sich selbst als das »wahre« Opfer sieht bzw. sehen muss, ist es ihm möglich, weiter seine eigene Verantwortung zu ignorieren und so zu verfahren oder zu handeln wie vorher. Nur als Opfer entgeht man der Verantwortung, man bagatellisiert seine eigene Person. Im Kopf des eigentlichen Täters findet so eine eingebildete Umverteilung des Nachteils statt. Nur so kann er tun, was eigentlich als unmoralisch oder dumm gilt. Dem Menschen ist die Opferrolle Selbstzweck und damit ein Blankoscheck für seine Dummheit. Denn da er ja ein Opfer ist, besitzt er die moralische Lizenz für Handlungen, die normalerweise verachtet würden.

Quelle: Luc Sullivan, Daniel (2010): *Competitive victimhood as a response to accusations of ingroup harm doing*, in: *Journal of Personality and Social Psychology* 102(4): S. 778–95.

Ist der Mensch prinzipiell ersetzbar?

Ja.

Der Mensch gilt als soziales Wesen. Menschen brauchen zwischenmenschliche Wärme. Aber tatsächlich spielt die Anzahl der sozialen Kontakte keine Rolle, solange man genug verdient, um die Wohnung zu heizen. Ein heißes Bad ersetzt lückenlos eine wärmende Schulter.

Forschungen zeigen, dass Gefühle der sozialen Wärme oder Kälte durch körperliche Wärme oder Kälte ausgelöst werden. Umgekehrt gilt dasselbe. Menschen regulieren ihre Empfindungen selbst, indem sie das Gefühl der sozialen Wärme durch das Aufdrehen der Heizung erzeugen, ohne sich dessen bewusst zu sein. Die Forscher konnten entdecken, dass chronische Einsamkeit, gefühlte soziale Kälte mit einer erhöhten Neigung zu warmen Bädern oder heißem Duschen verbunden ist. Und senkt man die Temperatur, nehmen Gefühle der Einsamkeit zu. Das geht sogar so weit, dass negative Erinnerungen, beispielsweise an soziale Isolation oder Ausgrenzung, gelöscht werden können, indem man körperliche Wärme erzeugt.

Körperliche Wärme ersetzt also soziale Wärme. Der Mensch ist so eingeschränkt in seinen Fähigkeiten, dass er warmes Wasser nicht von sozialer Wärme unterscheiden kann. Die Forscher nehmen an, dass der Grund für die Verwechslung zwischen physischer und sozialer Wärme in der Kindheitsphase zu suchen ist. Frühkindliche Erfahrungen von körperlicher Nähe (und damit Körperwärme) zu den Eltern ist immer verbunden mit psychischer Wärme (Liebe, Vertrauen, Hilfe und Unterstützung). Inzwischen gibt es aber auch einen neuroanatomischen Nachweis dafür, dass das Gehirn dazu quasi fest verdrahtet ist, Gefühle aufgrund von Temperaturwahrnehmung zu erzeugen. Es besteht eine direkte gehirnanatomische Verbindung. Die Wissenschaftler nehmen deshalb an, dass es unter den menschlichen Urvätern so etwas wie Einsamkeitsgefühle bzw. soziale Kälte nicht gab. Erst eine spontan aufgetretene Genmutation brachte schließlich die Fähigkeit, in Beziehungen etwas zu fühlen, das sich wie körperliche Wärme anfühlte. Da sich dies als vorteilhaft für das menschliche Überleben erwies, indem es das soziale Leben förderte, sind wir alle mit dieser Fähigkeit ausgestattet. Erstaunlich ist nur, dass das Gehirn dazwischen keinen Unterschied macht.

Wie genau konnten die Wissenschaftler die Beziehung zwischen physischer und sozialer Wärme dokumentieren? Die Forscher konnten zeigen, dass Menschen von alleine dazu neigen, Einsamkeit durch Wärme zu kompensieren und damit ihre Gefühle sozialer Wärme (Verbundenheit zu anderen) selbst regulieren – ohne das selbst zu bemerken. Die Forscher führten zwei Umfragen durch; in der ersten fragten sie die 51 Probanden danach, wie oft und lang sie in der Regel ein warmes Bad nehmen; in der zweiten Umfrage baten die Forscher dieselben Probanden, einen Fragebogen auszufüllen, der Aufschluss darüber gab, wie einsam und verlassen sie sich fühlten (UCLA Loneliness Scale). Danach verglichen die Forscher die Ergebnisse der beiden Befragungen miteinander: Je mehr Einsamkeitsgefühle der Befragte hatte, desto öfter und länger nahm er ein warmes Bad. Vielleicht gab es deshalb so viele berühmte Badewannenmorde. Allein und verlassen, ohne Support, erwischte der Mörder Persönlichkeiten dort, wo das Opfer fehlende soziale Nähe kompensierte.

In einer weiteren Untersuchung blieben die Forscher dem Phänomen auf der Spur. Dazu teilte man die Probanden in zwei Gruppen. Man gaukelte 75 Probanden vor, sie würden an einer Produktbewertung teilnehmen. Die erste Gruppe bekam ein extra gekühltes Produkt in die Hand, die zweite Gruppe ein erwärmtes Produkt. Parallel dazu füllten die Probanden einen kurzen Bewertungsbogen aus. Unterschwellig wärmebehandelt wurden die Probanden beider Gruppen schließlich darum gebeten, eine Kurzform des oben genannten Einsamkeitsbestimmungsfragebogens zu absolvieren. Und siehe da, die Zuführung von Wärme (Kälte) erzeugte Gefühle von sozialer Wärme (Einsamkeit). In der Weise wie die Forscher die Temperatur der zu haltenden Produkte bestimmten, manipulierten sie die Gefühle ihrer Probanden. Kälte erzeugt das Gefühl der Unverbundenheit, Wärme das Gegenteil. Das ist der experimentelle Beweis, dass körperliche und soziale Wärme substituierbar sind.

Der Mensch ist einzigartig – nur eben nicht so einzigartig wie meine Heizdecke. Tatsächlich ist jeder Mensch austauschbar. Nicht durch einen anderen Menschen, sondern durch einen einfachen Gegenstand. Der Technikfetisch vieler Menschen hat einen gruselig-dummen psychologischen Hintergrund. Denn tatsächlich (und das ist, wie alles in diesem Buch) wissenschaftlich geprüft, können Objekte dem Menschen als nützlicher Ersatz für einen anderen Menschen dienen. Wissenschaftlern gelang es nachzuweisen, dass wir uns an Objekte klammern und ihnen besonders verbunden sind, wenn Bezugspersonen unzuverlässig sind. Der Mensch nutzt tatsächlich Objekte, um fehlende menschliche Nähe zu kompensieren.

In dem dazugehörigen Experiment wurde gezeigt, dass diejenigen Probanden, die sich ihres Beziehungsstatus zu einem Menschen unsicher waren, stärker an ihren Besitztümern hingen. Zunächst versetzte man 99 Versuchspersonen in Trennungsangst, indem man sie einen längeren Text über Situationen schreiben ließ, bei denen ein Ihnen nahestehender Mensch sie enttäuscht hatte, etwa durch Unzuverlässigkeit. Dies genügte meist, damit sich Probanden isoliert und alleingelassen fühlen. Danach befragte man sie, wie wichtig ihnen materieller Besitz sei und kam zu dem oben genannten Ergebnis.

In einer weiteren Studie mit 51 Versuchspersonen konnte gezeigt werden, dass diese stärker unter Trennungsangst litten, wenn sie ihr Handy abgeben mussten, während sie einen längeren Fragebogen absolvieren durften. Darin waren auch Fragen enthalten, die Auskunft darüber geben, wie stark man mit Ängsten auf die Abwesenheit von Bezugspersonen reagiert. Tatsächlich löste die Abgabe eines gewohnten Gegenstandes eine Art Verlassenheitspanik aus.

Demnach haben leblose Gegenstände für unseren Geist zwangsläufig, also ohne dass wir etwas dafür oder dagegen tun können, die Fähigkeit, menschliche Interaktionen zu kompensieren. Wir sind hoffnungslose Materialisten und auch Sie, lieber Leser, ersetzbar.

Quelle: Bargh, John A.; Shalev, Idit (2012): *The substitutability of physical and social warmth in daily life*, in: *Emotion*, 12, S. 154–162.
Landau, Mark J./Rothschild, Zachary K./Sullivan, Daniel (2012): *Attachment to objects as compensation for close others' perceived unreliability*, in: *Journal of Experimental Social Psychology* 48, S. 912–917.

Die Krone der Schöpfung?

Die »Krone der Schöpfung« ist eine Floskel, dies dürfte dieser kleine Indizienprozess klargestellt haben. Wie viel Macht bleibt dem Menschen nun über sich selbst? Nur wenig! Als konstitutioneller Monarch wird seine Macht durch seine körperliche und geistige Verfassung eingeschränkt. Was ihm bleibt ist, törichte Ergebnisse, die ihm die Dummheit, der eigentliche Souverän, vorschreibt, nachträglich zu legitimieren bzw. zu rationalisieren. Ein ohnmächtiger König ist er; und der wahre Thron ist leer.

In gewisser Weise gleicht der Mensch der tragisch-komischen Figur Don Quijote. Vernunft ist dem Menschen eine Dulcinea von Toboso, die er zur Gebieterin seines Geistes ernennt, aber auf seiner Reise niemals zu Gesicht bekommt, weil sie ein reiner Wunschtraum ist. Dabei entspricht die Technik dem alten dürren Gaul Rosinante. Die Wissenschaft spielt die Rolle des Sancho Panza, denn sie durchschaut gelegentlich die Dummheit des Menschen, leistet ihm aber trotzdem die Gefolgschaft. Vernunftliteratur funktioniert für ihn wie der Ritterroman bei Don Quijote. Der Mensch ist ein »König« von der traurigen Gestalt.

Danksagung

Nicht jeder wird die Studienauswahl und Akzentuierung dieses Buches vollständig mittragen wollen. Die Überzeichnungen und Zuspitzungen sind eine Reaktion auf die Hybris des Menschen und das Gewese, das er um sich macht.

Mein erster Dank geht an Eberhard Müller und Gözde Ece Öezbek, die nicht nur die Lesbarkeit dieses Buches verbesserten, sondern auch inhaltliche Anregungen gaben. Auch den Verlagsmitarbeiterinnen sei hier herzlich gedankt. Zu Dank bin ich ebenfalls den Autoren jedweder Fachrichtungen der hier vorgestellten Originalstudien verpflichtet. Für Fehleinschätzungen und Versäumnisse bin ich selbst verantwortlich.

Widmen möchte ich dieses Buch meinen überaus geschätzten Eltern, die sich immer kopfkratzend fragten, was ihr Sohn da eigentlich die ganze Zeit schreibt.

Frankfurt am Main, 12. Dezember 2012
Gunther Müller

Andere Kinder waren krank.
Ich hatte Schnupfen.

Carolin Wittmann
ÄRZTEKIND
Aufwachsen mit Risiken
und Nebenwirkungen
288 Seiten
ISBN 978-3-404-60097-7

Caros Vater ist Arzt. Wenn sie eine Spritze bekommen soll, malt er mit rotem, desinfizierendem Zeugs eine Zielscheibe auf ihren Oberarm und wirft die Spritze. Werfen tut nämlich viel weniger weh als die Ankündigung „Das wird jetzt ein bisschen pieksen". Gut, ihr Arztpapa ist ein besonderer, ein anstrengender und manchmal auch besonders anstrengender Mensch. Aber dank ihm hat sie gelernt, die Arschbacken zusammenzukneifen. Vor allem dann, wenn er versuchte, ein Zäpfchen hineinzuschieben. Ja, Caro ist hart im Nehmen. Und das erweist sich als hilfreich, als es ihrem Vater einmal selbst bedrohlich schlecht geht ...

Bastei Lübbe Taschenbuch